速案 誰よりも速くアイデアを生む15の公式

西島 知宏 著
Tomohiro Nishijima

Forest 2545 Shinsyo

はじめに　この本はポケットに入る企画の相棒である

突然ですが、あなたが「立ち食い蕎麦屋」という業態でお店を出そうとしているとします。しかし、あなたの街には数多くの立ち食い蕎麦屋が存在しています。どのような立ち食い蕎麦屋にすれば、どのようなアイデアであれば「新しい立ち食い蕎麦屋ができた」と街で話題となり、実際にお店に足を運んでもらえるでしょうか。

そば打ちのデモンストレーション付き立ち食い蕎麦屋

こんなアイデアはどうでしょう。「立ち食い蕎麦屋のアイデアを出せ」と言われて最初に出てきそうなアイデアはこういったものではないでしょうか。

10人いたら5人は出してきそうなアイデアです。しかし、新しい立ち食い蕎麦屋のアイデアというにはほど遠く、既視感のあるものにとどまっているのが残念です。

次に、こんな立ち食い蕎麦屋ができたと聞いたらどうでしょうか。

会員制立ち食い蕎麦屋

一気に新しさを感じられませんか。立ち食い蕎麦屋なのに会員制。早い、安いという従来のイメージを覆し、一度は行ってみたい、会員になってみたいと思わせる、マスコミの取材が殺到しそうな立ち食い蕎麦屋になったのではないでしょうか。

実はこのアイデア。私のようなクリエイティブを生業《なりわい》にしている人間だから思いついたものではありません。誰でも簡単に使える、ある公式を使って生み出したアイデアなのです。

その公式とは、この本でご紹介していく **「誰よりも速くアイデアを生む15の公式」** の1つである **「常識変換法」** です。

常識変換法という公式、使い方を説明します。

公式　「常識」を書き出す↓「常識」を「非常識」に変える

「会員制立ち食い蕎麦屋」のアイデアを例に、発想のプロセスを説明します。まず既存の立ち食い蕎麦屋の常識を書き出せるだけ書き出します。

たとえば以下のようなものです。

- **気軽に入れる**
- **安い**
- **早い**

次に、書き出したこれらの常識を「真逆の概念」つまり「非常識」に変えてみます。

さらに、その非常識から連想されるアイデアで書き出してみます。

常識	非常識	連想されるアイデア
気軽に入れる	**⬇気軽に入れない**	**⬇会員制**
安い	**⬇高い**	**⬇1杯2000円**
早い	**⬇遅い**	**⬇出てくるまで30分かかる**

どうでしょうか。簡単にアイデアを生み出すことができましたね。もちろん「気軽に入れない」から「会員カードをかざさないと入れない店」と連想してもいいですし、料金もあなたが思う「高い」の基準に設定してもいいです。

ここで重要なのは、いきなり「新しいアイデアを考えろ」「アイデアをたくさん出せ」と言われると困惑してしまうところを**「課題となっているものの常識を書き出し、それを非常識へと変えるプロセス」を経ることで、アイデアが出しやすくなる**ということをわかってほしかったのです。アイデアが必要な課題に対して、従来の常識を書き出すだけなら誰にでもできますよね。

もう1つ別の課題を考える前に、これからこの本でよく登場するキーワードの1つである**「課題」**という言葉についてご説明しておきます。

この本では**「アイデアが必要なモノ」を「課題」と呼ぶことにします。**先ほどの例では「新しい立ち食い蕎麦屋」が課題になります。課題は人それぞれ、この本では主にビジネスに関連する課題を数多く揃《そろ》えていますが、ビジネスに関係のないプライベートな課題もここに書かれている公式を使うことで解決することができます。ぜひ、あなたなりの課題を当てはめて発想してください。

新しい課題をやってみます。次は一緒に考えてみましょう。

課題　新しい銭湯のアイデア

今ではほとんどの家庭にお風呂《ふろ》があることもあり、日本の銭湯は年々数を減らしており、ピーク時に比べると90％に迫る減少率だそうです。そんな時代に、生き残っている銭湯の経営者は「どうやって集客するか」ということに日々頭を悩ませているはずです。

そこでさきほどの**「常識変換法」**を使い「新しい銭湯のアイデア」を考えてみます。まず銭湯の常識を書き出してください。書き出せたら非常識に変えてみましょう。

ここでは私のアイデアを例に説明していきますが、私が書き出したもの、発想したアイデアが正解というわけではなく、あくまでもひとつの例として捉えてください。

「銭湯の常識」
- **番台さんがいる**
- **お決まりの壁画がある**
- **入浴料が安い**
- **下駄箱に靴を入れる**

こんな要素が出てくると思います。書き出したこれらの常識を、非常識に変えてみます。さらに、その非常識から連想されるアイデアを書き出してみます。

常識	非常識	連想されるアイデア
番台さんがいる	**↓番台さんがいない**	**↓番台さんがロボット**
お決まりの壁画がある	**↓お決まりの壁画がない**	**↓バンクシーの壁画**
入浴料が安い	**↓入浴料が高い**	**↓入浴料1万円**
下駄箱に靴を入れる	**↓下駄箱に靴を入れない**	**↓靴磨きサービス**

どうでしょうか。行ってみたくなる銭湯のアイデアが生まれたのではないでしょうか。何のよりどころもなく考えても出てこないアイデアが、「常識変換法」を使うだけで、簡単に、かつ速く生まれてくるのが実感できたかと思います。

この本の存在意義は「新しいアイデアを生み出せるのは才能がある人だけ」と思っている人に対して、**「新しいアイデアを生み出せるのは『公式』を知っている人」**であることを知ってもらうことです。

私は2003年に新卒で広告代理店に入社し、CMのシナリオを考えたり、商品のキャッチコピーを考えたりするクリエイティブ局という部署で、さまざまな課題に向き合ってきました。在籍4年で独立することを決意し、その後16年間、通算でいうと20年間、クリエイティブの仕事を続けています。

この20年間、挫折《ざせつ》は数えきれないほどしましたし、「何でこんなつまらない企画しか思いつけないんだ」と落ち込んだこともあります。しかし、それでもこの仕事を続けて、独立してやってこられたのも、あるきっかけがあったからです。

それは**「自分だけの公式を生み出せたから」**です。

多くの課題に取り組み、思考していく中で、優れたアイデアに共通する法則を見つけ、それを公式化しました。そして日々トライ&エラーを繰り返すことで、広告だけでなく、アイデアが必要なさまざまな場所で使える15の公式を作り出しました。

たとえば「企画を思いつかない」と上司に相談した際に言われるお決まりのフレーズ。

「当たり前のことを疑うクセを作れ」

「もっと人をよく観察しろ」

「身近な所にあるヒントに気づけ」


どれももっともらしいアドバイスのように聞こえます。しかし、このアドバイスを聞いて「新しい立ち食い蕎麦屋のアイデア」が生まれてくるでしょうか？

「銭湯の当たり前を疑え」と言われて「お風呂に入っている間に靴磨きをするサービス」が発想できるでしょうか。「銭湯にいる人を観察しろ」と言われても「観察したあとにどうすればアイデアが生まれるのか」と疑問に思うことでしょう。

この世にあふれている、もっともらしく聞こえるアイデアに関するアドバイスが参考にならない理由、**それは「実践しにくいから」なのです。**


もう1つアイデアに関する重要なことを説明させてください。アイデアは生み出すことよりも実現することのほうが難しい、それは事実ですし、否定しません。

しかし、**世の中にない新しい概念やアイデアを発想しないことにはスタートを切るこ**

とはできません。経営者が世に出したい、開発者が作ってみたい、消費者が使ってみたいというアイデアがあってこそ、実現する必要性と重要性が生まれてくるのです。

この本は「アイデアの実現の仕方」には触れていません。あくまでも**「新しいアイデアの発想法」**です。アイデアを世の中に生み出す第一歩目を作る本として読み進めていただけるとうれしいです。

『速案――誰よりも速くアイデアを生む15の公式』　もくじ

第3章 「速案」したあとに必要なこと

第 1 章

本書の使い方

この本は「誰よりも速くアイデアを生む」ためのものである

まず15の公式を説明していく前に、再度本書の存在意義についてお伝えしておきます。

本書を作るにあたって最も強く意識したのが**本の定義**です。

第一に、世に溢《あふ》れるアイデア発想本や思考本の多くが、発想や思考に対する「スタンス」や「考え方」など、ともすれば「実践しにくいもの」であるのに対し、本書は読者が読者自身の課題解決作業を行うにあたって、すぐに使える技術を伝える「実践しやすいもの」となっています。

また、本書は**「誰よりも速くアイデアを生むための本」**です。

時間をかけてたくさんのアイデアを生んだり、アイデアのバリエーションを作ったり、メンバーが出したアイデアを深掘りすることも重要ではありますが、20年間広告業界でアイデアを出し続けてきた私は、経験をふまえ**「アイデアが必要となる現場では、時間をかけて多くのアイデアを生むことより、プロジェクトの指針やたたき台となる一案目を生み出すことのほうが重要性が高く存在価値がある」**と考えています。

そのため、本書ではアイデアが必要な現場で、あなたが一秒でも速く一案目を出せる公式を紹介していきます。

また昨今、アイデアを生む前提として**「問いを作り出す力」**の重要性が叫ばれています。与えられた問いに対してアイデアを生む力とともに、与えられた問いそのものを疑い、自ら問いを作りだす力が、ビジネスパーソンにとって必要となってきています。

本書はこの「問いを作り出す力」にも大きく寄与できるものだと考えています。

たとえば、本書でご紹介する「常識変換法」は、前提となる常識を覆すことで発想する公式です。「そもそも何でこういう常識なんだっけ」という発想です。あるいは「新定義法」は、課題となっている商品の定義を疑う公式で「その商品が世の中にある意味を見つめ直すこと」でもあります。

これらの公式はすべて、課題となっている商品の前提を「問い直す」ことからスタートします。

与えられた問いに対し、速くアイデアを生むこともビジネスの現場では大切なことですが、それと同じくらい、**与えられた問いを疑い、アイデアを生むこと**も重要です。その両面で本書の15の公式が役立ってくれるはずです。

本書に出てくる課題は架空のものですが、現在のビジネスシーンにおいて、また少し未来において必要となるであろう問いを想定し、作成しました。ぜひビジネスシーンで、またビジネスでの人間関係を円滑に進めるアイデア発想の本として、使っていただけるとうれしいです。

速くアイデアを生むことができれば、ビジネスを有利に進められる

前項でもお伝えしましたが、アイデアが必要となる現場では、その場でプロジェクトの指針やたたき台となる一案目を生み出すことの重要性が高く、**それをうまく生み出すことができれば、その後のプロジェクト進行において、自らが主導権を握れる可能性が高くなります。**

私がいる広告業界では、広告を作る際、まず「広告オリエンテーション」という広告クライアントからの要望を聞くミーティングが開かれます。その後、「キックオフミーティング」という、クリエイティブディレクターがコピーライターやアートディレクターなどのクリエイティブメンバーにプロジェクトの概要を説明するミーティングが開かれます。通常このキックオフミーティングで何かが決定するということはな

く、過去に行われた広告キャンペーンの内容を確認したり、プレゼンテーションはいつか、何を用意しないといけないのかなど事務的な内容が中心となります。

その場でアイデアを提案する人はほとんどいません。

しかし、私はそこをチャンスと捉えています。

誰もアイデアについて口にしない場所だからこそ、オリエンテーションを踏まえたアイデアのたたき台を出したり、オリエンテーションの内容を問い直すようなアイデアを生み出すことができれば一気に自分のペースに持っていくことができます。

それをたたき台、もしくはベースにプロジェクトが進んだり、あなたのアイデアにメンバーが肉付けしてくれたり、あなたのアイデアにインスパイアされたより良いアイデアが生まれたりします。

みんなが熟考したうえで1回目、2回目で持ってくる90点のアイデアよりも、**あなたが0回目で出す70点のアイデア**のほうがプロジェクト全体で存在感を発揮するのです。

また、通常アイデアが出てこない場所でアイデアが出てくるということは、本書でご紹介する**「常識を非常識に変える」**ことでもあります。

その場にいるクリエイティブディレクターはじめプロジェクトメンバーがあなたの行動に驚きを覚え、あなたの存在を強く認識するきっかけになります。

つまり、そのプロジェクトにおける存在価値のみならず、会社内での存在価値を示すことにもつながるのです。初めて仕事をするメンバーや、入社後、転職後初めてのミーティングであれば、なおさらあなたを認めてもらういい機会になります。

これからご紹介していく「誰よりも速くアイデアを生む15の公式」を使い、誰よりも速くアイデアを生みビジネスを有利に進めていってください。

「誰よりも速くアイデアを生む15の公式」の使い方

次に、次章から紹介していく「誰よりも速くアイデアを生む15の公式」の使い方について説明します。

使い方はシンプルです。

それは「できるだけこの本を携帯すること」です。

最初に、この本は「ポケットに入る企画の相棒」とお伝えしましたが、みなさんができるだけ携帯しやすいよう出版社と相談し、小さいポケットサイズ（新書）にしてもらいました。

内容に関しても、できるだけお伝えしたいことを絞り、「誰よりも速くアイデアを生む15の公式とその説明」に特化しています。

ポケットのサイズによっては入らない場合もあるでしょうが、持ち運んだり、カバンに入れてもかさばらないサイズだと思います。どんな状況でアイデアが必要になるかわかりませんし、すきま時間に読み返し、公式を体に染み込ませることでアイデアを生み出すスピードがより速くなります。

ぜひ、可能な限り携帯していただければと思います。

具体的な公式の説明や、使用法は、次章より詳しくお伝えしていきます。誰よりも速く素晴らしいアイデアを生み出せるよう、一緒にがんばっていきましょう。

第2章

速くアイデアを生む
15の公式

公式1　**対極接着法**

課題と 対極のキーワード を書き出す

▼

課題とつなげる

公式の1番目は**「対極接着法」**です。

突然ですが……**「不良少年」の対極**は何だと思いますか。ライバルという視点では対立するグループのトップが上がってくるかもしれません。しかし、概念的に捉えると、次の2つも不良少年のライバルと言えるのではないでしょうか。

警察官

まじめな学生

不良少年が恐れるものといえば、悪いことを取り締まる警察官、学校における不良少年の対極の存在としては、まじめな学生が上がってきます。次にあなたが、道端で対極の存在である二者の次のような場面を目撃したとします。

↓

不良少年と警官が肩を組んで歩いている

どう感じますか。気になりませんか。

なぜ気になるのか、それは驚きがあるからなのです。

普段交わらない対極の存在が共存しているその画に驚きがある。ドラマで「不良少年とまじめな女子のラブストーリー」というフォーマットがありますが、あれもこの法則に則《のっと》っているといえるのです。

アイデア発想のバイブル本として有名なジェームス・W・ヤング氏の『アイデアのつくり方』には、こう書かれています。


「すべてのアイデアは既存の要素の新しい組み合わせである」


つまり、すべてのアイデアは、すでに知っているモノ・コト・ヒトの新しい組み合わせにすぎないのです。

初めてこの言葉に出会った時、私はこんなことに気がつきました。

「すべてのアイデアがすでに存在している要素の組み合わせでできているのであれば、出会っていない可能性の高いものを見つけ出し、組み合わせれば新しいアイデアになるのではないか」

そして、その出会っていない可能性の高いものこそが対極の2者というわけです。

次に、課題に取り組んでいきます。公式を使って一緒に発想してみましょう。

課題　動物を使った「驚きのある」CMのアイデア

まず対極の存在について考えます。「動物を使った」という前提があるので、動物の中で対極の存在と言えるもの、ライバル関係と言い換えてもいいです。犬と猿、ハブとマングースなどいろいろ出てきますよね。それらをつなげてアイデアを発想します。

↓

犬と猿が仲直りするCM

いかがでしょうか。

動物というカテゴリーの中で対極の存在（ライバル）をつなげただけなのに「動物を使った驚きのあるCMのアイデア」という課題に応《こた》えられるユニークなCMができたのではないでしょうか。次にもう1つ課題をやってみましょう。

課題　新しい沖縄旅行のアイデア

沖縄の対極の存在と言えば、北海道が浮かんできますね。

対極というからにはより振り切ったほうがいいので、北海道の中でも最も寒い土地を選んで課題とつなげてみます。

↓

旭川の住民が考えた沖縄旅行

旭川《あさひかわ》と言えば、日本の歴代最低気温ランキング1位のマイナス41度を記録した場所です。文字通り日本で最も暑い県の新たな魅力を、日本で最も寒い地域の住民が考える新しい沖縄旅行のアイデアができあがったのではないでしょうか。

海外旅行であれば日本とブラジル、北極と南極をつなげるなど、対極の場所をピックアップし、つなげて企画することもできます。ぜひ対極の存在をつなげ驚きのあるアイデアを生んでください。このように「対極接着法」は、課題と対極のモノ・コト・ヒトを書き出し、つなげるだけで、簡単に驚きのあるアイデアを生むことができます。

公式2

新定義法

課題の 従来の定義 を書く

▼

新しい定義 にする

公式の2番目は**「新定義法」**です。

この公式はあなたの目の前にある課題に対し**「大多数の人が思っている一般的な定義を変える」**というものです。課題によっては**「使い方を変える」**と言い換えても良いです。課題によって使い分けてください。

ミネラルウォーターを例に取って考えてみましょう。ミネラルウォーターの一般的な定義は「喉《のど》の渇きを潤すもの」「体に必要な水分を補給するもの」などですね。新定義法でこのミネラルウォーターに対する一般的な定義を強制的に変えてみましょう。

薬を飲むもの

カップラーメンを作るもの

コーヒーを淹れるもの

清涼飲料水メーカーが、飽和したミネラルウォーター市場で競合メーカーに対して戦っていくとして、のどの渇きを潤すもの、体に必要な水分を補給するもの、という定義のままでは差別化するのは難しい。また、新たにミネラルウォーター市場に参入する企業があったとしても、新規参入してミネラルウォーター市場のシェアを奪っていくのは難しいでしょう。消費者も忙しい毎日を送っていますので、成分が変わった、分量が少し増えたなど細かい機能の変更では、いつもの商品からの切り替えは行ってくれません。そんな状況に対し、こういうミネラルウォーターが出たらどうでしょう。

↓
薬専用ミネラルウォーター

↓
カップラーメン専用ミネラルウォーター

↓
コーヒー専用ミネラルウォーター

薬専用ミネラルウォーターは「粉薬やカプセルなどの薬を飲むのに適した硬度、喉ごしのミネラルウォーター」、カップラーメン専用ミネラルウォーターは「カップラーメンをおいしく食べられる塩分濃度のミネラルウォーター」、コーヒー専用ミネラルウォーターは「コーヒーの風味を活かせるミネラルウォーター」といったイメージです。普段飲んでいる、喉の渇きを潤したり、体に必要な水分を補給するミネラルウォーターとは定義の違う、特定の目的に最適化されたミネラルウォーターであれば、普段選んでいるものとは別に、2本目として選んでもらえる可能性が高まるのではないでしょうか。

「定義を変える」というやり方が難しいと感じる人は、前ページ冒頭にも書きましたが「使い方を変える」と考えてみてください。

たとえば次のように。

（のどの渇きを潤すために）水を使う↓（薬を飲むために）水を使う

「ごはんを炊くための水」「ペットにあげるための水」「炭酸にするための水」など他にも使い方は考えられるので、アイデアはいくつも生み出すことができます。

もちろん商品開発はアイデア発想だけで完結するものではありません。アイデアが生まれたあと、実際その定義に見合った商品が開発できるか、また商品開発にかかったコストに見合うリターンが期待できるのか、継続的に世の中の需要があるのか、などさまざまな視点で検証しなければなりません。しかし、時に創業者やエンジニアの思いつきがとてつもないヒット商品を生み出すことも、時代が証明しています。いったんはアイデア開発に制限を設けず、コストやターゲットや市場を無視して自由に考えてください。

次の課題をやってみましょう。

課題 新しい機内サービス

まずは飛行機に対する大多数の人の定義について考えます。「一番速く移動できるもの」ですよね。その定義を、使い方を、まったく別のものに変えてみます。

↓
最新の映画を観る場所

↓
デジタルデトックスできる場所

↓
空飛ぶレストラン

どうでしょうか。飛行機をただの移動する手段と捉えずに飛行機にしかない価値で再定義してみると意外な魅力が浮かびあがってきます。私もよく飛行機に乗りますが、まだ動画配信業者やＤＶＤレンタルショップには出ていないタイトルが観られたりして驚くことがあります。

つまり飛行機の中を「最新の映画を観る場所」と定義すれば、機内サービスでポップコーンのフレーバーを3種類用意して提供しようとか、もっと質の良いイヤホンを開発しようなど別の視点でサービスを考えられるわけです。

また現状、飛行機の中ではスマホは機内モードにして電波を発しない状況にしなくてはなりません。これを不便と捉えることもできますが**「デジタルデトックス」**だと定義し直すことで**「今まで読めていなかった本が読める場所」**などと捉え直すことができます。

課題となっている商品やサービスの定義を変える、使い方を変えることで、その定義や使い方に見合った様々な新しいアイデアを発想することができるのです。

この「新定義法」ですが、時にその商品やサービスを使っているユーザーが開発することもあります。たとえば近年多くの人が使うようになったカーシェアサービス、もともとの定義は「24時間、15分から借りられるレンタカー」のようなものだと思いますが、最近は「コインロッカーよりも大容量の荷物を置けるスペース」あるいは

「車を持っていない人でも簡単に1人になれる場所」としての需要が大きくなってきているそうです。そうするとカーシェアサービスの定義も**「大容量荷物置きスペース」**や**「一番簡単に1人になれる場所」**などに変化します。

つまり、ユーザーの声をヒアリングして生まれる新定義もあるわけです。

現在、あなたが仕事で関わっている商品が、市場の成熟により成長が見込めないという場合、時代の変化によりその商品カテゴリー時代がなくなりそうな場合、これから新商品、新サービスを開発しないといけない場合はぜひ一度、新定義法を試してみてください。定義や使い方を変えるだけでまったく別の打ち出し方ができたり、自社の技術を使った市場そのものを作り出せるような新商品を開発できるかもしれません。

公式3

常識変換法

課題の常識を書き出す

▼

非常識に変える

3番目の公式は、本書の冒頭でも触れた「常識変換法」です。

みなさん覚えていますよね。いきなり「アイデアを出せ」と言われても困ってしまうけど、課題に対して、ただ「常識を書き出すだけ」なら誰にでもできる。

「書き出せたら、それを非常識に変えればいい」という公式でした。

おさらいになりますが、「新しい立ち食い蕎麦屋」について発想するときは、立ち食い蕎麦屋の常識である「気軽に入れる」「安い」「早い」を書き出し、それらを非常識に変えます。

気軽に入れる → 会員制

安い → 1杯2000円

早い　↓　出てくるまで30分かかる

というやり方でしたね。
また、「新しい銭湯のアイデア」であれば、銭湯の常識である――

番台さんがいる
お決まりの壁画がある
入浴料が安い
下駄箱に靴を入れる

――これらの常識を、非常識に変える。

常識

非常識

連想されるアイデア

番台さんがいる	↓番台さんがいない	↓番台さんがロボット
お決まりの壁画がある	↓お決まりの壁画がない	↓バンクシーの壁画
入浴料が安い	↓入浴料が高い	↓入浴料1万円
下駄箱に靴を入れる	↓下駄箱に靴を入れない	↓靴磨きサービス

この公式を見つけ出したときは、私もあまりの便利さに目から鱗《うろこ》、絶対に人には教えたくないと思うほどでした。実は世の中にある優れたアイデアの中にも、この公式を使えば簡単に生み出せるものがあります。

いくつかご紹介していきます。

↓ 大人のお菓子

このコンセプトのお菓子は、今やさまざまなメーカーから発売されています。これも「常識変換法」で生み出せるアイデアと言えます。発想のプロセスを説明します。

課題 **新しいお菓子のアイデア**

実際の経緯はわかりませんが、仮に課題がこうだったとします。この課題に対して「常識変換法」を使います。まず従来の「お菓子の常識」について書き出してみます。

子供のもの
安いもの
スーパーで売っているもの

次に、書き出したこれら3つの常識を非常識に変えます。

常識 **子どものもの**
非常識 **⬇大人のお菓子**

安いもの　⬇一万円のお菓子
スーパーで売っているもの　⬇シャネルで売っているお菓子

すぐに「大人のお菓子」というアイデアが出てきました。
「お菓子は子どものもの」という固定観念に縛られてしまうと、アイデアを出すのが難しくなってしまいますが、「常識変換法」を使い「お菓子は子どものもの」という常識を書き出したあと、非常識に変えれば簡単に「大人のお菓子」というアイデアが発想できることがわかります。次に一昔前、首都圏で大ブームとなった次のアイデアについても考えてみましょう。

↓
立ち食いフレンチ

それまでは、フレンチと言えば正装、マナーが厳しく、おしゃべり厳禁というイメージでした。しかし、今では立ち食いスタイルでフォアグラやエスカルゴを楽しめるような、カジュアルなフレンチが増えてきました。

このアイデアも「常識変換法」を使い、常識を書き出したあと非常識に変えれば、簡単に生み出すことができるのです。

課題　新しいフレンチの業態アイデア

こちらも、もともとどういう課題設定だったかがわかりませんので、説明しやすいようこうしておきます。この「新しいフレンチの業態アイデア」という課題に対して、まずは、昔ながらのフレンチの常識を書き出せるだけ書き出してみます。

豪華な椅子とテーブル
値段が高い
2時間かけて食べ終わる

そして、書き出したこれら3つの常識を非常識に変えます。

常識

豪華な椅子とテーブル
値段が高い
2時間かけて食べ終わる

非常識

⬇立ち食い
⬇1品100円
⬇10分で食べ終わる

大ブームを巻き起こした新しいフレンチのアイデアが生まれましたね。

1品100円や10分で食べ終わるファストフレンチは、私の知る限りまだ存在しないので、これからできたら話題になりそうです。

このように、すでに世の中にあるアイデア、絶賛されているアイデアの数々も「常識変換法」を使えばすぐに発想することができるのです。

公式4

他者視点法

他者に憑依《ひょうい》する

▼

他者として課題にアプローチする

公式の4番目は**「他者視点法」**です。

突然ですが、あなたにとってお父さんとはどういう存在ですか。

「口うるさい人」と言う人もいれば「友達みたいな人」と言う人もいるでしょう。

一方で、あなた以外の家族にとって、お父さんはどういう存在でしょう？

お母さんにとっては「最愛の人」、お姉さんにとっては「一番頼りになる人」、犬のポチにとっては「散歩に連れていってくれる人」かもしれません。

このようにお父さん1人の存在に関しても、人によって捉えかたが違います。このさまざまな**「捉えかたの違いを利用して発想する」**のが、公式の4番目「他者視点法」になります。

1つの課題に対して、他者に意図的に憑依して、さまざまな視点から発想するというものです。憑依する相手は、はじめは身内や友人、同僚のほうが、やりやすいです。この人にお題を渡したら「こう言うだろう」「こう思うだろう」というのを予想すればいいだけです。

たとえばこういう課題があったとします。

課題 定年する部長の送別会を盛り上げるアイデア

他者に憑依せずに発想すると、こんな感じになってしまいそうです。

想い出の映像とみんなのメッセージを送る
卒業にまつわる曲を歌って盛り上がる
部長のご家族のサイプライズムービー

これはこれで良い気もしますが、既視感が出てしまいますし、何だかしんみりしてしまいますね。
送別会なんて別れの場なのだからしょうがないじゃないか、と思うかもしれません。しかし、せっかく何十年も勤め上げた部長の送別会なのだから特別なイベントにしたいですよね。そこで他者視点法を使い、部長に憑依して発想してみます。

↓ 定年後にみんなが部長とやりたいことをプレゼンする

部長が「会社のメンバーとは二度と会いたくない」と思っていたら話は別ですが、盛大な送別会を開いてもらうほど人望のあった部長ならきっと「まだみんなとつながっていたい」と思うのではないでしょうか。

そこで「部長との関係ＳＥＡＳＯＮ２」ということで「定年後に部長とやりたいことをプレゼンする」という送別会にするのです。部長にとっては、みんなが泣いてくれるより、はるかにうれしい送別会になるのではないでしょうか。

このように「他者視点法」は、意図的に他者に憑依して発想し、アイデアを出すというものです。憑依する相手は最初は身近な人、慣れてくるにしたがってエスカレートさせてください。

知っている人や顔見知りの人から始まって芸能人、ドラマの主人公、動物、モノ、宇宙人など徐々に自分から遠ざけていくことで、より驚きのあるアイデアが生まれます。もう1つ別の課題を、次は一緒に考えてみましょう。

課題　まったく新しいバスツアーのアイデア

試しに、ドラマの主人公に憑依してみましょう。

誰もが知っているドラマの代表的なものに『半沢直樹』があります。2013年にヒットした池井戸潤氏の小説が原作のドラマ。半沢直樹という主人公に憑依してバスツアーを企画するとこうなります。

↓

半沢直樹が「倍返しだ」と言った場所を巡るバスツアー

どうですか。会社を休んででも行きたいバスツアーになりましたね。

まさに聖地巡礼、半沢直樹の世界にどっぷり浸かれそうです。特定のドラマではなくドラマ全体を一括りにし、その主人公に憑依してバスツアーのアイデアを発想すると次のようになります。

↓ 月9のキスシーンのロケ地を巡る

このようにさまざまな他人に自由に憑依し、その人の視点に立ってアイデアを発想することで、自分の視点では得られなかったさまざまなアイデアを生むことができるのです。

公式5 付属品接着法

課題の近くにある付属品を書き出す

▼

課題と合体させる

公式の5番目は**「付属品接着法」**です。あなたの生活になくてはならないもの、または、常識となり過ぎていて、それが「アイデア」だと気づいていないものはたくさんあります。

消しゴム付き鉛筆
洗濯乾燥機
先割れスプーン

これらは、ある1つの共通したルールでできているのをご存じですか。
そう、別々に使われていた2つのモノが近くにあるという理由で、結びつけられ、商品化されたモノなのです。

消しゴム＋鉛筆　＝消しゴム付き鉛筆
洗濯機＋乾燥機　＝洗濯乾燥機

フォーク＋スプーン＝先割れスプーン

このように**「課題の近くにある付属品を書き出し合体させる」**のが公式の5番目「付属品接着法」になります。次の課題で一緒に考えてみましょう。

課題　新しいビールの売り方のアイデア

仕事や遊びの後に飲むビールは最高ですよね。

わざわざ新しいビールの飲み方なんて考えなくても、飲む人は飲むし、飲まない人は飲まないよと言われてしまうかもしれませんが、本書はアイデア発想の本なので、アイデアを考えます。

まずビールの近くにある付属品をできるだけ多く書き出してください。

次に課題と合体させます。ビールが大好きで、ビールに非常に思い入れのある私は、ビールの付属品としてこれらを書き出しました。

柿ピー
枝豆
「乾杯！」という声

付属品というとモノだけを考えがちですが、課題の近くにある言葉や振る舞いなども付属品ですので、それも書き出してください。次に付属品をビールと合体させます。

↓
柿ピー付きビール

↓
枝豆味のビール

↓

乾杯専用ビールジョッキ

「柿ピー付きビール」。どうですか。すぐにでも仕事を切り上げて試したくなりますよね。ビールと柿ピーをくっつける、ありそうでなかったアイデアですが、付属品接着法を使えば発想することができます。

「枝豆味のビール」も捨てがたいアイデアですよね。味の調整は難しそうですが、フレーバーブームにも乗りそうです。

「乾杯専用ビールジョッキ」も、普通のジョッキより泡がはじける、また乾杯したときに変わった音が出るなど、より演出面でのアイデアをプラスすれば、乾杯を一層盛り上げる商品としてヒットが期待できそうです。

課題 **新しいアパレル商品のアイデア**

次は新しいアパレル商品が課題です。アパレル商品と言っても、帽子、服、靴、靴下、ベルトなどさまざまなものがあります。付属品接着法を使い、課題の近くにある付属品を書き出し、課題と合体させアイデアにしてみてください。私は次のように発想しました。

↓ ネクタイ付きワイシャツ

ワイシャツとネクタイがセットになっている商品です。

ビジネスパーソンならわかっていただけると思うのですが、毎日ワイシャツとネクタイの柄を合わせるのって何気にストレスですよね。

かといってシャツが変わっても、ネクタイが1種類だと同僚の目が気になる。そこでネクタイ付きワイシャツの出番です。この2つが強制的にセットになっていれば、選ぶストレスは解消、同僚からもオシャレさん扱いで、おまけに時短まで達成できます。

公式6　条件限定法

課題を次のいずれかで限定する

地域　対象者　人数

シチュエーション　時期

公式の6番目は**「条件限定法」**です。

課題が置かれている条件をわざと限定するというのも、新しいアイデアを生む際に使えるテクニックです。

実はみなさんが知っている商品やサービスの中にも、この「条件限定法」を使うことで簡単に発想できるものが数多くあります。以下に挙げたヒット商品の数々は、文字通り限定することにより、世の中に驚きを与え、新しい商品として受け入れられることに成功しました。

ご当地キティ
太郎割
1日1組のレストラン
朝専用缶コーヒー

「ご当地キティ」　＝対象地域を限定

「太郎割」＝対象者を限定
「1日1組のレストラン」＝対象人数を限定
「朝専用缶コーヒー」＝シチュエーションを限定

このように「条件限定法」は、**特定の条件を限定することでプレミアム感や驚きを与えられるというメリット**があります。

次に課題に取り組んでみましょう。

課題　新しい居酒屋のアイデア

ビールの次は居酒屋かよ、と言わないでください。新しい居酒屋があればアフターファイブが充実すること間違いなしです。

普通に考えると、このようなアイデアになります。

飲み放題の居酒屋
全品300円均一の居酒屋

既視感がありますね。これではわざわざ行ってみようとはなりにくいです。しかし「条件限定法」を使い、条件を限定してアイデアを発想すると、こうなります。

地域を限定する　➡アマゾンの川で獲れた食材だけを出す居酒屋
対象者を限定する　➡広告マン限定居酒屋
時期を限定する　➡月に1日しかオープンしない居酒屋

一気に気になる居酒屋になりませんか。お客さんが押し寄せてきそうです。まったく新しい居酒屋として話題になりそうですね。
次に別の課題もやってみましょう。

課題 **新しいエコバッグのアイデア**

地域、対象者、人数、シチュエーション、時期のいずれかで限定してみてください。

私は、地域、対象者、シチュエーションでこのように限定しました。

地域を限定する　⬇ミラノの刑務所で作られたエコバッグ

対象者を限定する　⬇妊婦限定エコバッグ

シチュエーションを限定する　⬇要冷蔵品用エコバッグ

どれも「驚き」のある新しいエコバッグのアイデアになりましたね。

話題性とデザイン性を備えた「ミラノの刑務所で作られたエコバッグ」は、おしゃれな若者に受け入れられそうです。

「妊婦限定エコバッグ」は軽くて「体調が優れないとき椅子《いす》になる」など機能面を充

実させれば人気が出そうです。

「夜間専用エコバッグ」は、夜間だけ発光する塗料などを使用すれば、交通事故をなくす効果も期待できそうです。

「地域を限定する」に関しては、生産地で限定しても消費（使用）地で限定してもどちらでもいいと思います。

いろいろな角度で発想して、より驚きのあるものを選んでください。

公式7 場所・時間変更法

特定の場所 時間 にしか存在しない
コト・モノを書き出す
▼
場所 時間 を強制的に変える

公式の7番目は**「場所・時間変更法」**です。

「特定の場所、時間にしか存在しないコト・モノを書き出し、その場所、時間を強制的に変更する」という公式です。まず課題をやってみましょう。次の課題を読んで、アイデアを発想してみてください。

課題　雑貨店で売る新しい商品アイデア

まず「場所を変える」でやってみましょう。

最初に特定の場所でしか使わない商品を思い浮かべます。家でも、オフィスでも、通っている学校でも、図書館でも、部室でも、実家でもどこでも大丈夫です。大切なのは、**場所が変わっても使えるものにならないよう場所を選定すること**です。

私は次のようなアイデアを発想しました。

↓ オフィス専用枕

発想の過程をご説明します。「時間・場所変更法」は「特定の場所にしか存在しないコト・モノを書き出し、その場所、時間を強制的に変更する」でしたね。私は、特定の場所を「家」に設定し、家でしか使わないモノを「枕」としました。

次に、「場所を強制的に変更」します。**特定の場所である家を強制的に変更します。変更した場所がオフィスです。**オフィスでも自分のデスクや会議室で昼休みに仮眠を取ったりしますよね。そんなときに睡眠の質を向上させることができるオフィス専用枕を発想しました。

実際に商品を開発する段階では専門家とタッグを組み、短期睡眠の質を向上させる枕の開発を目指します。

オフィス専用枕の他にも「オフィス専用パジャマ」や「オフィス専用布団」なんかも面白いかもしれません。1つアイデアが浮かんだら周辺に転がっているアイデアも探してみるとアイデアの裾野《すその》が広がるのでおすすめです。

次に「時間を変える」で考えてみます。課題を確認した後、ご自身で「時間・場所限定法」を使い、発想してみてください。

課題　今までにない画期的な飲食店のアイデア

「場所を変える」で行ったように、時間が変わっても使えるものにならないよう飲食店のシチュエーションを選定することが重要です。朝、昼、夜など大きな時間を区切ったうえで発想するとわかりやすいと思います。私のアイデアを先にご紹介します。

↓
早朝バー

私はこう発想しました。

まず時間を「夜」に設定。

夜にしか営業しない飲食店は何かといえば「バー」です。みなさん行ったことはなくてもテレビや雑誌などメディアで一度は見たことがある、ずらっとお酒のボトルが並ぶオーセンティックバーです。

バーと言えば夜にしかない飲食店の象徴ですよね。もちろん朝方まで営業している店はあると思いますが、早朝バーは文字どおり早朝だけの営業です。

早朝バーというからには、商品やサービスも早朝ならではのものを揃えたいですよね。たとえば、夜勤明けの方の寝酒になるようなカクテルや、出勤前の人が栄養を取れる野菜を使ったノンアルコールカクテルなんかはどうでしょう。

フードに関しても、コーヒーを頼んだらトーストが出てくる喫茶店のように、カクテルを頼んだらトーストが出てきたり、朝がゆが出てきても面白いのではないでしょうか。早朝というキーワードから連想していけば、どんどんオリジナリティのあるおもしろいアイデアが浮かんできますよね。

早朝まで開いているバーはあっても、さすがに早朝限定のバーはないと思います。

「朝マック」「朝活」ならぬ**「朝バー」「朝飲み」**などメディアに取り上げられそうなキーワードを作って売り出していけば、かなり話題になるバーができあがるのではないでしょうか。

このように「場所・時間変更法」は**「特定の場所でしかやらないコト」「特定の時間にしかないコト・モノ」を発想したあと、その特定の時間を強制的に変更するというプロセスでアイデアを生む公式**でした。

このままでも十分使いやすい発想法なのですが、慣れてきたら、場所や時間のスケールを変更して発想してみてください。時間を12ヶ月という月単位で分けて月ごとで発想したり、平日、休日で分けて発想するというように。

あなたなりにチューニングして使ってください。

公式8　順序入替法

課題の お決まりの順番 を並べる

▼

劇的な順番 に入れ替える

公式の8番目は**「順序入替法」**です。

順序入替法は**「課題となっているもののお決まりの順番を並べたうえで、その順番を劇的に入れ替える」**という発想法です。

わかりやすくご説明するために1つ、みなさんが知っているであろうドラマをご紹介します。『古畑任三郎』という刑事ドラマです。見たことがないという方でも名前くらいは聞いたことがあるのではないでしょうか。

主演の刑事役に田村正和さん、三谷幸喜さんが脚本を手掛けられたフジテレビの人気刑事ドラマシリーズです。この『古畑任三郎』というドラマは順序入替法を使って発想することができます。『古畑任三郎』は、それまでの日本の刑事ドラマと明らかに違う点がありました。さて、それは何でしょうか。

はじめに犯人と犯行の全容がわかる

今では数多くの刑事ドラマで見ることが増えてきたこのフォーマットですが、『古畑任三郎』が登場する前の刑事ドラマでは考えられないものでした。従来の刑事ドラマでは、次の流れでストーリーが進んでいくことが常識となっていました。

①誰かが殺される
←
②犯人はわからない
←
③刑事が証拠と推理で犯人を追いつめる
←
④犯人と犯行の手口がわかる
←
⑤犯人が犯行を認める

しかし『古畑任三郎』は、「④犯人と犯行の手口」を先に見せます。

従来の刑事ドラマでは、視聴者に「誰が犯人なのか」という疑問を持たせながら最後まで視聴してもらうスタイルを取っていたのに対し、『古畑任三郎』では**「古畑任三郎がどうやって犯人を追いつめるのか」という疑問を持たせながら最後まで視聴してもらうスタイル**を取りました。

アメリカの人気シリーズ『刑事コロンボ』などでは、すでに採用されていた倒叙《とうじょ》という手法ですが、それを本格的に取り入れた日本で最初の刑事ドラマが『古畑任三郎』だったのです。

そして、それ以降数多くの刑事ドラマでこのフォーマットが採用されるようになりました。前置きが長くなりましたが『古畑任三郎』で採用されたこのフォーマットを「順序入替法」で発想すると次のようになります。まず、先ほども出しましたが、それまでの刑事ドラマのお決まりの順番はこうでした。

①誰かが殺される

↓

②犯人はわからない
←③刑事が証拠と推理で犯人を追いつめる
←④犯人と犯行の手口がわかる
←⑤犯人が犯行を認める

この順番を『古畑任三郎』の流れに沿って劇的に入れ替えます。古畑任三郎のストーリーを思い浮かべながら考えてみてください。

答えはこうです。

④犯人と犯行の手口がわかる（①を含む）
③刑事が証拠と推理で犯人を追いつめる

⑤犯人が犯行を認める

従来の刑事ドラマでは終盤に来ていた④が冒頭に来ていることがわかります。

先にも説明しましたが『古畑任三郎』は、刑事ドラマのお決まりの順番を入れ替えることで、刑事ドラマの楽しみ方まで変えることに成功しました。今までとはまったく違った刑事ドラマの登場は視聴者に驚きを与え、同シリーズの大ヒットへとつながったのです。

次に「順序入替法」を別の課題で試してみましょう。

課題 新しいフランス料理店のアイデア

まず、フランス料理のお決まりの順番を並べてください。次に、その順番を入れ替えて発想していきます。フランス料理のお決まりの順番は次のようなものです。

①前菜↓②スープ↓③魚料理↓④お口直し↓⑤肉料理↓⑥チーズ↓⑦デザート

このお決まりの順番を入れ替えてみます。『古畑任三郎』で検証したように、より劇的に順番を変えるほうが驚きを生むアイデアとなりますので、次のようにしてみました。

↓ デザートから始まるフレンチ

どうでしょう。アミューズになるデザートなのか、食前酒のスパークリングワインそのものがデザートになっているのか。美食家たちを中心に人気に火がつき、雑誌やテレビで取り上げられている絵が浮かんできませんか。

また、フレンチというカテゴリーの中で、「飲み物」に焦点を当てて発想すると次のようなアイデアも生まれます。

↓ ブランデーから始まるフレンチ

通常のフレンチは、食前酒、白ワイン、赤ワイン、コーヒーか紅茶、食後酒と続きますが、その順番を劇的に変えると、食後酒であるブランデーから始まるフレンチが誕生するわけです。

フレンチの王道ならコニャック、アルマニャック。もう少し奇抜さを狙《ねら》って、イタリア料理の食後酒であるグラッパから始めても面白いかもしれません。型破りで賛否両論ありそうなフレンチですが、間違いなく話題の店になるでしょう。

このように、課題のお決まりの順番を並べた後、その順番を劇的に入れ替えるというのも新しいアイデアを生む有効な発想法であることがわかったと思います。**順番の変更はできるだけ劇的に、タブーを破るくらいに**と覚えておいてください。

公式9　**弱点克服法**

課題が使われない理由を列挙する

▼

その理由を徹底的に解決していく

公式の9番目は**「弱点克服法」**です。

この公式は**「課題が使われていない理由を列挙し、その理由を徹底的に解決していく」**、もしくは**「その課題に対するストレスを解消していく」**という方法でアイデアを発想するものです。

まずは、課題をやってみましょう。次の課題を読み「課題が使われない理由」を考えながらアイデアを発想してみてください。

課題 新しい家電のアイデア

まず、「あなたの家にない家電と、それがない理由」を考えてみてください。思いつかない場合は「あなたが持っている家電であまり使わなくなったものと、使わなくなった理由」を考えてみてください。それを書き出すことができたら「その家電がない理由」「その家電を使わなくなった理由」を根本的に解決するアイデアを考えます。

私は「持っている家電であまり使わなくなったものと、使わなくなった理由」から考えました。持っている家電であまり使わなくなったものは、ずばり加湿器です。私は空気が乾燥している部屋にいるのが苦手で、毎年のように加湿器を購入します。

しかし、購入した加湿器は、しばらく経つとほぼ100％使わなくなってしまいます。それはなぜか。そして、そのなぜを解決するものとして次の商品アイデアを考えました。

↓

自動掃除機能付き加湿器

加湿器をしばらく経って使わなくなってしまう理由。

そうです、掃除が面倒になってしまうのです。

加湿器を使っている方はわかっていただけると思うのですが、加湿器の掃除って、面倒なんですよね。タンクを収める場所には水が溜まっていますが、その水がとにかく汚れてしまうし、しばらく放置しているとヌメヌメになってしまう。

かといって綺麗《きれい》に掃除できる形状でもないので、掃除もおっくうになってしまい、結果的に使わなくなってしまう。

「掃除が簡単」を売りにした加湿器も購入してみたのですが、その簡単な掃除すら面倒くさくなってしまう。結果、最新の加湿器があるにもかかわらず、濡《ぬ》れタオルを置くなどという原始的な方法をとることになってしまっています。

いまだに毎年のように家電量販店で100％手間要らずな加湿器を探し歩いています。

このように「加湿器の掃除はしたくない」というストレスを解消し、「掃除をなくす」を生むのが**弱点克服法**になります。

使わない理由でなくても大丈夫です。

あなたが日々接しているものに対し**「こういう所が不満だ」「こういうふうに変われ**
ばもっと便利なのに」を形にするというやり方でも発想できます。

マーケティング用語に**インサイト**というものがありますが、インサイトは「まだ顕在化されていないストレス」や「人が気づいていない欲望」と言い換えられます。つまり弱点を見つけ克服することは「まだ世の中にない、みんなが待ち望んでいる商品」になる可能性を秘めています。

思えばダイソンの「フィルターのない掃除機」は、実際の開発経緯は不明ですが、結果として「フィルター掃除が面倒だ」という声を解消したものになりましたし、「羽根のない扇風機」も「扇風機は羽根の掃除がとにかく面倒くさい」という扇風機に対して誰もが感じていたストレスを解消した画期的な商品になりました。

そういった意味では「新定義法」と同じく、ユーザーの声に耳を傾けるということが画期的な商品の開発にとって近道の1つのであると言えるのかもしれません。ユーザーが使わない理由や、商品を使ったうえでユーザーが感じているストレスを解消することがヒット商品につながる可能性も大いにあります。

大切なのは、「加湿器には掃除は不可欠だ」「掃除機にはフィルターがあるのが当たり前だ」「扇風機には羽根があるのが前提だ」といった固定観念をいかに取り払って考えられるかです。

もし、あなたが企画を担当することになった商品があなたの実感を伴えないもの、たとえば男性にとっての生理用品であったり、女性にとってのシェーバーだったとします。

その際は身近な人に「使わない理由」や「商品に感じているストレス」について聞いてみてください。身近な人に聞けない場合はインターネットのアンケート調査などを使ってもいいと思います。今では数日で結果の出る安価なサービスもあります。

常にリアルなユーザーの声を拾い上げ「弱点克服法」を使用するというのも、アイデア発想において有効なプロセスです。

自分と遠い商品でも諦《あきら》めずに取り組みましょう。

公式10

長所強化法

課題の一番の長所を見つける

▼

その長所を極端に強化する

公式の10番目は**「長所強化法」**です。

公式9でご紹介した「弱点克服法」の真逆の発想法になります。弱点克服法は「課題が使われていない理由を列挙し、その理由を解決していく」というものでしたが、長所強化法は逆に**「課題が使われている理由を見つけ、それを強化する」**というもの。商品によっては**「その商品の特徴を極端に振り切る」**と言い換えても良いです。

この公式の重要なポイントは「平均点以上くらいの長所は長所ではないと理解すること」です。商品やサービスで最もユーザーに評価されているポイント、一番の特徴をとにかく強化し、唯一無二のものとすることが重要です。

次に、課題を1つ出します。課題の一番の長所を見つけ強化してみましょう。

課題　少し高いがネタの新鮮さが売りの回転寿司店を繁盛させるアイデア

ここまでこの本を読んできたみなさんならもうわかりますね。

課題となっている「少し高いがネタの新鮮さが売りの回転寿司店」の一番の長所、

それをとことん強化します。強化は中途半端ではいけません、思いっきり振り切って発想してください。

↓
全品3000円だけど、銀座の寿司店よりネタの鮮度が良い回転寿司

このようなアイデアが良いのではないでしょうか。

発想のプロセスは違いますが、公式3でご紹介した「常識変換法」で出てくるアイデアに近くなってくるかもしれません。

長所強化法の良い所は、とにかく長所を伸ばすことで突出した商品・サービスを作り出し、消費者に対して**「と言えば」**を作り出すことです。「ネタが新鮮な回転寿司**と言えば**」「最も高級な回転寿司店**と言えば**」といった具合に。

「と言えば」を作ることはPR価値を高めるということでもあります。

これから商品を開発しようとしている方は、自身が作り出そうとしている商品の特徴が競合商品に対して突出しているものか、そうでないのであれば突出させる方法を考えることをおすすめします。

公式11

No.1作成法

課題にNo.1キーワードをつける

世界一＋形容詞

世界一＋形容動詞

＋課題

公式の11番目は**「No.1作成法」**です。

公式10「長所強化法」でも説明しましたが、アイデアを発想するうえで有効な方法の1つに「極端に振りきる」というものがあります。

すでにご紹介している公式「常識変換法」では、常識をよりありえない非常識に。「他者視点法」では、憑依する相手をより突き抜けたものに。「条件限定法」では、限定する条件を思い切ったものにといった発想の振り切りが大事だというお話をしました。

そしてその**「発想の振りきり」を簡単に作り出せるのが「No.1作成法」**です。

この公式は今までの公式の中で最も簡単です。

課題に「世界一大きい」「世界一小さい」「世界一長い」「世界一短い」「世界一早い」「世界一遅い」など「No.1キーワード」をつけるだけです。

No.1作成法は、簡単な発想法ではあるのですが、意外と固定観念にとらわれていると気がつかないアイデアが生まれます。たとえば、私の職業でもある広告クリエイターは、CMといえば15秒、30秒という秒数を前提条件にして考えるクセがついています。しかし、No.1作成法で発想してみると、こうなります。

課題 新しいCMのアイデア

この課題に対して「世界一短い」というNo.1キーワードをつけて発想してみます。

↓
世界一短いCM

広告クリエイターにとって、テレビCMといえば15秒が前提です。だから、15秒という時間ありきでストーリーを考えてしまいます。

しかし、No.1キーワードである「世界一短い」を強制的につけることで、知らず知らずのうちに抱えていた固定観念を壊すことができます。そうすると「1秒のCMを15本作ればいいじゃないか」とか「3秒で商品を説明して、あとは画面がフリーズしていたほうがSNSで話題になるんじゃないか」など、従来発想できなかったアイデアを発想することができます。逆に「世界一長いCM」ということで10時間くらいのCMを制作し、ギネスに申請、そのプロジェクト自体を話題にするというやり方もあるかもしれません。

次に、もう1つ課題を出します。

同じく「No.1作成法」で発想してみましょう。

課題　新しい温泉宿のアイデア

日本での温泉ブームは陰りを見せず、人気の温泉宿は予約が取りづらい状況が続いています。一方で人気の格差も激しく、集客に苦労していたり、経営の厳しい温泉宿が存在するのもまた事実です。

そこで、苦戦している温泉宿、またはこれから新しくできる温泉宿にたくさんの人が訪れるアイデアをNo.1作成法で発想してみます。やり方は簡単です。「温泉」か「温泉宿」に、No.1キーワードをつけて意味を調整してください。

私は温泉と温泉宿に「世界一大きい」「世界一小さい」「世界一長い」「世界一短い」「世界一早い」「世界一遅い」をつけて、このようなアイデアを考えました。

↓
世界一大きい温泉まんじゅう

↓
世界一小さい温泉

↓
世界一長い洞窟《どうくつ》風呂

↓
世界一短い浴衣《ゆかた》

↓
世界一早い朝食

↓
世界一遅いチェックアウト

どうでしょう。どれもそこまで費用をかけずに実施できそうですし「世界一熱い」「世界一冷たい」という№1キーワードをつけて「世界一熱い温泉」「世界一冷たい水風呂」なんかを作るのもありですね。

世界一大きい温泉まんじゅう、世界一早い朝食、世界一熱い温泉をすべて実施して「世界一が3つある温泉宿」というフレーズでPRすることもできます。

ここに出したもの以外でも「世界一＋形容詞」「世界一＋形容動詞」をいろいろと試すことでたくさんのアイデアを発想することができます。温泉に限らず、商業施設やレストラン等でも使える発想法ですので、ぜひお試しください。

公式12

本能刺激法

課題を次の 5大欲求 と結びつける

食欲 睡眠欲 性欲

承認欲 知りたい欲

公式の12番目は**「本能刺激法」**です。
人間の3大欲求は**「食欲」「睡眠欲」「性欲」**ですね。私の公式である本能刺激法ではこの3つに**「承認欲」**と**「知りたい欲」**も足し、5大欲求として発想します。
次の課題を使って説明していきますね。

課題 **新しい本のアイデア**

5大欲求の1つである「食欲」と結びつけるとこのようなアイデアになります。

↓ **食べられる本**

食べられるゼラチンの紙でできた本でも、お菓子のしおりがついた本でも何でもいいです。とにかく「食欲」からアプローチして、アイデアを発想してみてください。
次に同じ「新しい本のアイデア」を「睡眠欲」からアプローチして発想してみます。

↓

読み始めて1分で寝られる本

学者の先生に監修してもらい、人間が最も眠くなる言葉、色、匂《にお》いなどを使って作られた本です。「食べられる本」を含め、実現へのハードルはありますし、流通での扱いをどうするかということも考えていかなくてはなりませんが、新しい本のアイデアとして驚きを与えるでしょうし、実現できれば話題になること間違いなしです。

このように**「本能刺激法」は、課題を5大欲求である食欲、睡眠欲、性欲、承認欲、知りたい欲と結びつけアイデアを生む発想法**です。

もう1つ課題をやってみましょう。

課題 **取引先の接待アイデア**

取引先の接待を甘く見てはいけません。ビジネスパーソンにとって、とても重要な仕事です。飲みニュケーションは古いなんて声もありますが、まだまだ接待が受注やプロジェクトの成功を左右することも多いと思います。

仕事は自信があるけど、取引先の接待は苦手という方はなおさら「本能刺激法」をおすすめします。たとえば接待相手が「イタリアン好き」という情報を手にしたとして、「本能刺激法」を使うとどうなるでしょう。

私は次のように発想しました。イタリアン好きの接待相手に驚きを与え、忘れない思い出とし、その後のビジネスを円滑に進めるアイデアです。

↓
おいしいイタリアン3軒はしご接待

ただイタリアンに行くだけなら、忘れない思い出の接待にはなりにくいですが、スプマンテを飲みながら前菜を少し、店を変えてイタリアワインとメインを、締めにドルチェとイタリアの貴腐ワインを楽しむ接待だとしたら、イタリアンに慣れている取引先の担当者も満足してくれるのではないでしょうか。

公式13 **流行キーワード法**

流行している キーワード を書き出す

▼

課題とつなげる

公式の13番目は**「流行キーワード法」**です。

この文章を書いているのは２０２３年の年末。

２０２３年の流行のキーワードといえば次のようなものがあります。


「阪神タイガース優勝」

「ヌートバー選手（ペッパーミルパフォーマンス）」

「インボイス制度」

「チャットＧＰＴ」


当たり前の話ですが、いつの時代も流行というものが存在しますし、流行のキーワードが存在します。２０２３年の日本では、これらのキーワードでした。

そして、その時代に存在する流行のキーワードと課題をつなげて発想するのが、公式の13番目「流行キーワード法」です。

次の課題に取り組みながら、公式についてご説明します。

課題 **売上が落ち込むスーパーを流行《はや》らせるアイデア**

スーパーにも個性が必要な時代、こんな課題があったとします。この課題に2023年に流行したキーワードを当てはめて発想すると次のようなアイデアが生まれます。

↓
虎柄の服を着た人だけ安くなるセール（阪神優勝）

↓
ペッパーミル実演試食コーナー（ペッパーミルパフォーマンス）

↓
消費税分10％還元セール（インボイス制度）

2023年の流行キーワードを使った話題性のあるアイデアになったのではないでしょうか。次に別の課題をやってみます。流行キーワードを使って考えてみましょう。

課題　取引先との忘年会でうけそうな余興のアイデア

忘年会の余興も軽く見てはいけません。新人のみなさんは忘年会で目立つことで自身の存在感をアピールできますし、忘年会での企画力が評価されて重要な仕事を任されるなんてこともあるかもしれません。

たとえば、流行キーワードが豊作の年、2015年の流行キーワードを使って、余興のアイデアを発想するとどうなるか。次のキーワードを使って考えましょう。

「爆買い」
「火花」「結果にコミットする」
「マイナンバー」「北陸新幹線」

「モラハラ」

「結果にコミットする」が使えそうですね。「結果にコミットする」は、ターンテーブルの上にのった男性や女性が、自身のボディのビフォアーアフターを披露する、有名なライザップのCMのキャッチコピーです。

この「結果にコミットする」という流行キーワードと、忘年会の余興をつなげると、次のようなアイデアが発想できます。

↓

会議前と会議後の同僚のテンションの違いをライザップの音楽にのせてモノマネする

会議前は緊張から無口だったのに、会議が終わったら途端態度が変わってお調子者になる。そんな内輪ネタですが、確実に盛り上がる忘年会の余興になりそうです。

↓
奥さんの前と部下の前の部長の態度の違いをビフォアアフターで表現

このようにシチュエーションを変えて展開すれば、ドカンドカンと笑いを取れそうですね。「流行キーワード法」はビジネスアイデアのみならず、接待や忘年会のイベントといったシチュエーションでも使えるアイデア発想法です。ぜひさまざまな局面で、その時々の流行キーワードが持つパワーを利用し、驚きのあるアイデアを生み出してください。

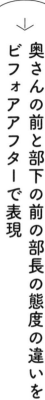

公式14 著名フレーム法

誰もが知っている著名なフレームを探す

▼

課題を当てはめる

公式の14番目は**「著名フレーム法」**です。

まず、この公式を説明していく前に、私がかつてウェブサイトへの流入数を増やすためにウェブ記事として公開し、35万ページビュー、1万4000シェア、2700ツイートを記録した以下の文章を読んでみてください。

『JK用語で「鶴《つる》の恩返し」を読んでみた』

むかしむかし、あるところにおじいさんとおばあさんがジモメンと割と本気で暮らしていました。ある日、おじいさんは街でオケった帰り、ヤバタンなぽっちヅルを見つけました。

「ちょ……ガチ?」

おじいさんはインスタとvineにガンなえした鶴の姿をアップしました。おばあさんにもＬＩＮＥを送りましたが既読スルーされました。「ワラ」
家に帰ると、おじいさんはおばあさんに鶴への神対応について武勇伝を語りました。するとと玄関のコールが鳴る音がしました。開けると98Lineのオシャンティーなエモキュンがサブバを持って立っていました。

「いまよろしかったでしょうか？　漫喫閉まってたから朝までモフらせてくんない？吐きそうす」

「り」

きゃわわなＪＫにテンアゲしたおじいさんおばあさんはＪＫとオールすることにしました。翌朝、ハタ織り部屋から出て来たＪＫは、リアルにデコった布をおじいさんおばあさんに手渡しました。

「おしゃかわ……」

エモキュンしたおじいさんは秒でＪＫの布を売るため街へレリゴーしました。

布は街でくそツボり、おじいさんおばあさんは、ぷちょへんざして喜びました。布の神売上はついに妖怪ウォッチを超え、〝ＪＫヌノ〟が流行語大賞を受賞したため、ＪＫは来る日も来る日もパネェ量の布をデコるハメになりました。

「クソネミ」

そして、ある日ＪＫの塩対応におこぷんしたおじいさんが部屋を覗《のぞ》くと、つらたんな姿の鶴がいました。

「ハナシちがくね？　キモス」

そう言い残し、鶴は空へと飛び立って行きました。おしまい。

この文章は２０１５年、ＳＮＳで拡散することを意図して書いた記事で、狙い通り拡散しました。そして、この記事を書く際に使った公式が「著名フレーム法」であり、使った誰もが知っている著名なフレームが「鶴の恩返し」です。公式をおさらいします。

公式　誰もが知っている著名なフレームを探す↓課題を当てはめる

「著名フレーム法」を使う一番のメリットは、何といっても**「アイデアを理解する労力を最小限にできる」**という点です。

広告業界を例にとってお話しします。広告主や広告会社の社員など、日頃からアイデアを仕事として扱っていれば話は別ですが、一般消費者などは広告アイデアを理解しなくても責められることはないので、理解に時間のかかるものはどんどんスルーしてしまいます。

しかし、そこで使われているアイデアの「フレーム」を読む前から知っていれば、話は別。理解する労力を最小限にできるので、理解してもらいやすくなります。

「著名フレーム法」で使えるフレームは、昔話の他にも次のようなものがあります。

①誰もが知っている名言
ドラマの名言、アニメの名言、歴史上の人物の名言、流行語など

②誰もが知っている話
昔話、人気ドラマ、人気アニメ、ヒット映画、お笑いのネタなど

③誰もが知っている歌
童謡、クラシック音楽など

たとえば、次のような課題があるとします。

課題　天ぷら店のキャッチフレーズ

著名なフレームとして「歴史上の人物の名言」を使うとこういうアイデアが出ます。

↓

天は人の上に人をつくらず　人の下に人をつくらず

ウイットに富んだ天ぷら店のキャッチフレーズが生まれたのではないでしょうか。リーズナブルでおいしい、独身男性から家族連れまでどんなターゲットにも受け入れられる天ぷら店のキャッチフレーズとして、記憶に残るものとなりそうです。

次にもうひとつ「著名フレーム法」を使って角度を変えた課題をやってみましょう。

課題　同僚の結婚式で流す寿ビデオのアイデア

ここでは「誰もが知っているアニメの名言」に当てはめてみましょう。

以下、アニメの名シーンを新郎が新婦向けに再現するというアイデアです。

↓
「上杉達也は浅倉南《あさくらみなみ》を愛しています。世界中の、誰よりも」（タッチ）

↓
「奴はとんでもないものを盗んでいきました。あなたの心です」（ルパン三世）

子どもから、大人まで幅広い出席者に、しかも、ガヤガヤとした会場の中でも楽しめる寿ビデオのアイデアではないでしょうか。

実はこのアイデア、私の友人の結婚式で実際にやったことがあるのですが、同年代の友人のみならず、お祖父様やお祖母様に至るまで、とても盛り上がり、友人も喜んでくれました。

このように、ビジネスシーンからプライベート寄りのイベントに至るまで、アイデアを理解する労力を最小限におさえられる著名フレーム法は、広く活躍してくれるアイデア発想法といえるのです。

公式15 高打率モチーフ法

課題と 高打率モチーフ を絡める

▼

意味が通じるように調整する

公式の最後は**「高打率モチーフ法」**です。
私は広告企画やウェブメディアの運営を行っていますが、いつもこの2つの仕事で頭を悩ませている共通の問題があります。

「いかにネット上で話題にするか」

広告の仕事でいえば、企業からの依頼で作った広告を、いかにネット上で話題にするか。ウェブメディアでいえば、時間をかけてプロジェクトメンバーと作ったコンテンツをいかに話題にするかです。

そして、どちらの仕事でもつくづく感じるのは、「100%の正解はない」ということです。過去の成功体験を利用し、同じ曜日の同じ時間、似たようなコメントとともにネット上に公開してもまったく反応がないということがあります。

ネット上で話題にしてもらうことの難しさを日々実感しています。

しかし一方で、広告クリエイターとして20年、ウェブメディアの運営者として8年やってきて、１００％の正解はないものの、ある程度話題化の可能性を高められる方法がわかりました。

それが公式の15番目「高打率モチーフ法」です。高打率モチーフ法とは文字通り、**高打率モチーフを使った発想法**であり、次の７つの高打率モチーフを使用します。

「動物」「赤ちゃん」「女子高生」「セクシー」
「恐怖」「プロポーズ」「結婚式」

ネット上で話題になる記事や動画などコンテンツの多くが、この高打率モチーフを使用して作られているという現状があります。よって、これら**高打率モチーフと課題を絡めてアイデアを生むことはネット上で話題にする１つのセオリー**と言えるのです。

では、次の課題を「高打率モチーフ法」を使って取り組んでみましょう。

課題 **今までにないアイスクリームのアイデア**

高打率モチーフの1つ「女子高生」を使うと、次のようなアイデアを生むことができます。

↓

年齢確認が必要な女子高生専用アイスクリーム

女子高生だけでなく、幅広い年代の人が話題にしてくれそうなアイスクリームのアイデアが出まれました。また別の高打率モチーフである「セクシー」を使うと、こうなります。

↓

18禁アイスクリーム

こちらも気になりますね。ダメと言われるほど欲しくなるのが人間の性《さが》ですから、誰もがこぞって欲しくなる新しいアイスクリームとしてSNSでも話題になりそうです。

もう1つ、次の課題を「高打率モチーフ法」で取り組んでみましょう。

課題 新しい100円ショップのアイデア

高打率モチーフを100円ショップと絡めて発想してください。私は、高打率モチーフの中で「プロポーズ」を使い、次のアイデアを発想しました。

↓

プロポーズグッズだけのネット100円ショップ

ケーキに仕込むための指輪入れ、フラッシュモブの簡易練習器具などが売っているネット上の100円ショップです。リアル店舗だとターゲットが狭いですが、ネットショップですのでリアル店舗でかかる家賃の問題もクリア、在庫管理もしやすくニーズのある店にできそうです。

また、「結婚式」という高打率モチーフを使えば**「結婚式グッズだけの100円ショップ」**というアイデアも発想できます。プロポーズと結婚式は、ターゲットが近いので、ウェブサイトを一緒にして、タブなどで分けることで売上アップを見込むことができます。

このように高打率モチーフ法は、すでに実績のある高打率のモチーフを使い、勝算の高いアイデアを発想する公式となります。ただし、高打率には旬もあるので、使い古されたら効かなくなる可能性があります。都度打率を確認しながら使ってみてください。

第3章

「速案」したあとに必要なこと

タイトル付けの重要性

あなたがこれまで解説した公式を使って、新しい商品アイデアを発想しました。社内の許可も取って、開発にゴーサインが出ました。

次に重要になってくるのは何だと思いますか。

そう**「タイトル付け」**ですね。**タイトル付けはアイデアの発想、アイデアの実現と同じくらい重要な作業**と言えます。

それはなぜか。

アイデアの送り手と受け手の接点だからです。

「アイデアのタイトル付け」で重要なポイントは4つです。

ポイント① そのタイトルは、アイデアをうまく言いえているものか
ポイント② そのタイトルは、引きのあるものか
ポイント③ そのタイトルは、恥ずかしくないものか
ポイント④ そのタイトルは、言葉での再現性が高いものか

具体例を使って、順番に説明していきましょう。

ポイント①アイデアを言いえたタイトルか

たとえば、サッカーを始めたばかりの人が、シュートの蹴《け》り方を学びたいと思ったとします。書店のスポーツ・趣味のエリアで見つけた次のタイトルの本を購入します。

『シュート練習法』

さっそく家に帰って読み始めました。しかし、そこに書かれていたのが、次のような「シュート練習法」の内容だったらどう思うでしょうか。

「野球のシュートボールの練習法」

いくら画期的なシュートボールの投げ方が書かれていたとしても、そもそもあなたがやっているのは野球ではなくサッカーです。その本はあなたにとってまったく価値のないものと言えます。この本のタイトルは次のようなものであるべきでした。

『初心者ピッチャー向けシュート練習法』
『確実に三振が獲れるシュート練習法』

「アイデアのタイトル付け」で1つ目に重要なポイント。それは――

そのタイトルは、アイデアをうまく言いえているものか

――です。

ポイント②でご紹介するように、キャッチーで目を引くタイトルであることは前提として、商品を使ったとき、サービスに触れたとき、タイトルから想像していたものと乖離《かいり》があっては、ユーザーの心は一気に離れてしまいます。そればかりかクレームにもつながりかねません。

キャッチーなタイトルをつけることと同等に、商品をしっかり説明できているタイトルか、タイトルをつける際は注意を払ってください。

ポイント②タイトルに引きはあるか

アイデアには、永遠につきまとう課題があります。それは——

アイデアは見られない前提にある

——ということです。

いくらアイデアそのものが斬新《ざんしん》であっても、タイトルに引きがないと、アイデアの価値は半減します。なぜなら、見られないということは存在しないに等しいからです。

存在が認識されないと、ポイント①でご紹介したように、いくらアイデアを的確に言い得ているタイトルであっても意味をなさなくなってしまいます。

例えば、あなたが今読んでいるこの本のタイトルがこのようなものだったら、手に取ろうと思ったでしょうか。

『思考について書かれた本』

よほど友人にすすめられたり、テレビ番組で紹介されていたり、ネットで話題だったりしない限り「つまらなそうな本」「固そうな本」だと思い、手に取ることも開くこともなかったのではないでしょうか。

書店の店頭やインターネット、SNS、駅の広告などで接触する1秒やそこらで、その商品に興味を持ってもらうためには、引きのあるタイトル付けが必要不可欠です。存在を確実に認識してもらうために注意を払いましょう。

「アイデアのタイトル付け」で2つ目に重要なポイント。それは――

そのタイトルは、引きのあるものか

――でした。

何度も言いますが、ポイント①でご紹介した「そのタイトルは、アイデアをうまく言いえているものか」とは矛盾するものでなく、両立を目指すべきものです。

キャッチーなタイトルで目を引く、それと同時にそのタイトルが商品内容を言いえている、商品を使ってみて満足する。その流れを作れるものが優秀なタイトルと言えるのです。ぜひポイント①と②の両立を目指してタイトルを検討してください。

ポイント③タイトルは恥ずかしくないか

私が、タイトル付けのポイント③「そのタイトルは、恥ずかしくないものか」に気づいた象徴的な出来事があります。

2009年に公開された、綾瀬《あやせ》はるかさん主演の映画『おっぱいバレー』に関して、友人と話していたときのことです。友人が「『おっぱいバレー』見たいんだけど、チケット売り場でタイトルを言うのが恥ずかしいんだよね」と言ったのです。

その言葉を聞いた私は、ハッとしました。

確かにタイトルとして引きはあるし、ストーリーを言いえている。でも「劇場で映画を観る」というシチュエーションを想定したとき、このタイトルは明らかに損をしています。

今ではチケットのネット購入が当たり前になっていますが、それでも多くの人が映画館で映画のタイトルを伝えてチケットを購入します。そう考えると周りに聞かれても恥ずかしくないタイトル、口にするのが恥ずかしくないタイトルというのは考慮すべき重要なポイントなのです。

そのタイトルは、恥ずかしくないものか

これを簡単に検証する方法があります。

あなたがネーミングを考え、取引先にプレゼンテーションする立場だとして、またはあなた自身が商品の開発者や会社の経営者で、商品のタイトルを記者発表で発表する立場だとして、実際の現場を想像してみるのです。

公の場で、自分の口で、そのタイトルを発表している姿を想像し、堂々と発表できるか、恥ずかしくないかを考えてみてください。

「こんなタイトル、恥ずかしくて言えない」と思ったり、誰かがクスクス笑っていた

り首を傾《かし》げている絵が浮かんだら要注意。タイトルを考え直す必要があるかもしれません。

ポイント①「アイデアを言いえていること」、ポイント②「引きがあること」と来て、ポイント③「恥ずかしくないもの」と、タイトル付けのハードルが上がってきていますが、難しく考える必要はないです。

タイトル1か2でたくさんのタイトルを出したのち、他の2つのポイントをクリアしているかを考えれば良いのです。

タイトル付けに正解はありません。とにかくたくさんアイデアを出して、みんなで検証する。その地道な作業が良いタイトルを生み出す秘訣です。諦《あきら》めることなくその商品に見合った、キャッチーで、堂々と口にできるタイトルを考え出す努力を続けてください。

ポイント④タイトルは再現性が高いか

あなたが良いアイデアを生み出せたとして最も幸せな状況は何ですか？

誰もがそのアイデアを知っている

そんな状況ではないでしょうか。大ヒット商品の妖怪《ようかい》ウォッチのように、友達も、親も、海外の友達もみんな知っている。あなたのアイデアを、老若男女あらゆる人が知っている状況。これがアイデアを生み出した人に対する、最高で最大のプレゼントです。

しかし、たとえば妖怪ウォッチが、こういうネーミングだったらどうでしょう。

『珍w動a物t時c差h品』

商品自体は同じなので、面白いことに変わりはないはず。それを知らない友達に伝えたい。でも、何と伝えればいいでしょう。どうしてそうなってしまうのか。それはこの**ネーミングの「再現性が低い」**からなのです。再現性の低いものは、伝えにくいもの。つまり、広まらないものになってしまうのです。

もう1つ例をあげます。

「モーニング娘。」

グループ名を知っている人は「もーにんぐむすめ」と読めます。しかし知らない人は「もーにんぐむすめ まる」と読みそうです。「。モー。ニング。娘。」だとどうでしょう。ファン以外の人は読めませんね。読めないということは伝えられない、広まらない、ヒットしないということです。タイトルとして致命的な欠陥となるのです。

そのタイトルは、言葉での再現性が高いものか

「アイデアのタイトル付け」で最後に重要なポイント、覚えておいてください。

第4章

アイデアをめぐる
4つの誤解

アイデアというものを誤解している人は多い

これまでのページでアイデアが必要となる現場で、プロジェクトの指針やたたき台となる一案目を速く生み出すことの重要性、誰よりも速くアイデアを生む15の公式、アイデアに対するタイトル付けの重要性について演習も交えながら解説してきました。

ここまでの内容を実践すれば、アイデア出しに困ることもないでしょうし、仕事の主導権を握ってプロジェクトをあなたのペースで進めることもできるはずです。

したがってここからは、アイデア発想についてより深掘りをしたい人、アイデアを速く生むスキルをさらに高めたい人、またはこれまでの内容を読んでもアイデア出しに対する苦手意識が抜けない人のために「アイデア発想に関するありがちな誤解」、次の5章で『『速案力』』をアップさせる習慣術」についてお話ししていきたいと思います。

アイデアをめぐる2つの誤解パターン

まず、アイデア発想に関するありがちな誤解について。アイデア出しが苦手という人は多くの場合、アイデアそのものがどういうものかよくわからない人と、アイデアがどういうものかはわかってはいるが、自分が考える立場になるとうまく生み出せない人、2つのパターンに分類することができます。

後者に当てはまる人の多くは、アイデアや企画というものを難しく考えすぎていたり、アイデア出しや企画出しに不必要な高い壁を作ってしまっている場合が多いです。自然にそう考えるようになったのか、上司や先輩に言われたことを信じているのかはわかりませんが「アイデアとはこういうもの」「企画とはこういうもの」という前提が間違ってしまっています。その前提の間違いを取り払い、アイデア出しを得意にするために、アイデアをめぐる代表的な4つの誤解を紹介します。

アイデアをめぐる4つの誤解

誤解①「時間をかければ良いアイデアが出る」という誤解
誤解②「闇雲《やみくも》にでもアイデアを出せば良い」という誤解
誤解③「アイデアは大切にするべき」という誤解
誤解④「アイデアはみんなに伝えようとするべき」という誤解

それでは、この4つの誤解について、詳しく解説していきましょう。

誤解① 時間をかければ良いアイデアが出る

「とにかく時間をかけて考えろ。アイデア出しの時間は長ければ長いほど良い」

上司にこんなことを言われたことはありませんか。

確かに発想に時間を割けば割くほど、良いアイデアが生まれてきそうです。しかし、あなたはほかにもいろいろとやるべきことを抱えているのではないでしょうか。

Aというプロジェクトとしというプロジェクトが同時進行している中、新規案件Cのプレゼンテーションの準備をしないといけないなど。

そんな状況で、1つの課題に時間をかけすぎると、2つ以上の課題を処理できなくなってしまいます。そんなあなたにおすすめしたいのが――

まず10分考える

――という方法です。

発想する時間を長く取るのではなく「まず10分考える」。

これは「発想のスイッチをオンにする」という作業です。何か取り組まないといけない課題が発生したとき、どんなに忙しくてもまず10分間だけ考える。

5分では短くて深く考えられませんし、30分と言われると時間の確保が難しくなります。トイレに行って帰ってくる間でも、ランチの後のコーヒータイムでもいいです。まず課題が出たら意識的に10分の時間を作り出し、考える。

そして課題に対するスイッチをオンにして、**「無意識に考えている」という状態**を作り出します。すると、電車に乗っているとき、お風呂に入っているとき、ほかの課題を考えているとき、ふとした瞬間にアイデアの核や断片が浮かぶようになります。

すると不思議なことに、ほかに抱えている課題と結びついて、思いもよらない優れたアイデアが生まれたりもします。

先にも書きましたが、アイデアというものは「すでに世の中に存在する何かと何かが結びついてもの」ですから、さまざまな情報を入れれば入れるほど、新しいアイデアが生まれやすくなるのです。

①課題が出たら、10分考えて課題に対するスイッチをオンにする。

←

②無意識的に考えている状態を作り出し、思いついたアイデアをメモする。

←

③締切前に時間をかけてまとめる。

このプロセスを試してください。きっと良いアイデアを生みながら仕事をバランス良く回すことができるはずです。

誤解②　闇雲にでもアイデアを出せば良い

誤解①にもつながりますが、アイデア出しに関して、上司に次のようなことを言われた経験はありませんか。

「良いアイデアを出すコツ。それはとにかくアイデアを散らかすことだ」

このようなアドバイスを聞いて忠実に実践している人がいたら、一度考え直してください。

たとえば、あなたが飲料メーカーのクライアントを抱えるクリエイターで、広告企画を担当しているとします。「清涼飲料水のプロモーションアイデア」という課題があったとして「とにかくアイデアを出そう」「アイデアを散らかそう」と闇雲にアイデア出しを進めるとどういうことが起こってしまうでしょうか。

アイデアの数だけはあるけど、的外れなものばかり

つまり、一生懸命考えてたくさんアイデアを出したのに、考えなかったときと同じ結果になってしまうのです。クライアントへの提案までに軌道修正してくれる上司や同僚がいれば話は別ですが、あなた1人で担当していたら、クライアントの信用を失うどころか、会社から仕事がなくなってしまう危険性さえあります。

では、どうすれば良いのか。簡単です。

最初に書いた上司と真逆のことをすれば良いのです。最初からたくさんのアイデアを出そうと手を動かさないこと、いきなりアイデアを考えるのではなく、アイデアの方向性を複数考えるのです。

「アイデアの方向性」

①今までにないシュワシュワ感を印象づけたい

②とにかくネーミングを覚えてほしい

③競合商品にはない成分をアピールしたい

この3つは、私が考えたアイデアの方向性の例です。いきなりアイデア出しに着手し、闇雲に数だけは多く発想したはいいが、すべてのアイデアが①の方向性だけ、②と③はなし、一方でクライアントは②の方向性を求めていたとなれば大きな痛手を負います。

しかし、方向性をいくつか用意したうえでアイデア出ししていれば、そのリスクを下げることができます。それどころか、クライアントも気がついていなかった方向性を提示することで、クリエイターとしての能力の高さを示し、クライアントの信頼を勝ち取ることができるかもしれません。

明確に、クライアントからアイデアの方向性の指示があった場合、広告戦略の担当者やクリエイティブディレクターがすでに方向性だけクライアントと握っている場合などは、すぐにアイデアを考え始めてもいいです。

しかし、とくに指示はなく「清涼飲料水のプロモーションのアイデア」という大きな課題だけが目の前にある。そんなときは、絶対に「とりあえず考え始める」ということを避けてください。

アイデアは通常、次の2つのステップを踏んで生まれるべきです。

ステップ① アイデアの方向性を考える

←

ステップ② 決まった方向性でアイデアを考える

先でも説明しましたが、**いきなりアイデアを考え始めるというのは時間の無駄**です。必ず「アイデアの方向性を考えること」から始め、方向性が決まったあとに、その方向性に沿ったアイデアを考えていくようにしてください。

私もクリエイティブディレクターとして、クライアントから商品の説明を受けたときは、まずアイデアの方向性を複数決めてチーム内で共有するか、チーム内でアイデアの方向性を持ち寄って議論するようにしています。時には、クライアントにアイデアの方向性だけのプレゼンをすることもあります。

また「闇雲にアイデアを出すのが良い」と同じように「闇雲に資料を集めるのが良い」という誤解をしている人も多いです。たくさん資料を集めれば、アイデアが生まれるような気がして、アイデアの方向性も決まっていないのに資料だけを膨大に集め、その資料に埋もれてアイデア出しが進まない人がいます。これは夜、海に落とした小銭を探すようなもので、ものすごく効率が悪いやり方です。

勝算のある複数のアイデアの方向性を見つける

これがアイデア出しにおいても、資料集めにおいても、一番最初にやるべき重要な作業と言えるのです。

誤解③ アイデアは大切にするべき

突然ですが、あなたが3年かけて進めてきた新商品のプロジェクト、そのネーミング会議が明日開かれるとします。いくつくらいのネーミング案を持っていきますか。

まさか「とっておきの一案」なんてことはないですよね。あなたが手塩にかけて育ててきたプロジェクトですから、あれこれ迷って何十案と持っていくはずです。

一方でこういうとき、100案、200案という膨大な量のネーミングを持っていく人も少ないのではないでしょうか。「そんなに持っていっても意味はない、自信のある案だけ持っていけば大丈夫」と思っているあなた、次の言葉を聞くと、考えが変わるかもしれません。

アイデアの99%は使えない

これは私が若手のとき、著名なクリエイティブディレクターに言われた言葉です。私自身、クリエイターとしてキャリアを重ねていくうち、この言葉が身に沁《し》みてわかるようになりました。だから、仕事の現場において、アイデアは最低でも100案以上出すようにしています。

実際、仕事に慣れてくれば良いアイデアの打率は上がってきますし、アウトプットする前に頭の中でアイデアを取捨選択ができるようになるので、アウトプットするアイデアの数は少なくなります。

しかし、どんなにアイデア出しがうまくなっても**「アイデアを捨てる前提」か、「捨てない前提」か、どちらの前提に立つかで、最終的なアウトプットのクオリティが確実に変わります。**アイデアを捨てない前提に立つと、そのアイデアを捨てるのが惜しくなり、客観的な視点と、より良いアイデアを求める意識がなくなってしまいます。

アイデアを捨てる前提に立つことで、いい意味でアイデアに執着せず、アイデアを客

観的に捉え、より良いアイデアを求められるようになります。

アイデアを評価するのは、自分ではなく他者。ここからは逃げられないので、アイデアは捨てる前提で、どんどん発想して、どんどん捨てる。このことを意識しながら、よりベターなアイデアを模索してください。

誤解④ アイデアはみんなに伝えるべき

「自分のアイデアを、誰にも伝えたくない」という人は少ないと思います。ほとんどのアイデアは、できるだけ多くの人に知ってほしい、共感してほしいと思って発想されるものです。しかし、ここに大きなわなが潜んでいます。

みんなに伝えようとして生まれたアイデアは、誰にも伝わらない

私はアイデアを発想するとき、いつも特定の「誰か」を想像するようにしています。なぜなら、たった1人の誰かを生み出したいアイデアの対象として想像することにより、アイデアがよりリアルに、熱を帯びるからです。生きたアイデアと言ってもいいかもしれません。

わかりやすい例を出してみましょう。

あなたがチョコレートメーカーの宣伝担当者だとします。バレンタインデーの2月14日に新聞広告を出稿することになりました。どのようなキャッチコピーでターゲットに訴えかけますか。

義理チョコで人間関係を作ろう。

どうでしょう。一見正しいメッセージに見えるかもしれません。「義理チョコをたくさん配れば、上司や同僚との関係が良くなり人間関係がうまくいく、仕事がうまくいく」といったメリットを訴える提案型のコピーにも見えるかもしれません。

しかし、考えてみてください。

実際に自分がチョコレートを買う消費者だとして、義理チョコくらいで人間関係が構築できると思うでしょうか。人間関係の構築は一筋縄ではいきません。楽しい時間や辛い時間、悔しい時間などをともにしてこそ、できあがるものです。

自分が人間関係を構築したい特定の誰かを思い浮かべて書いていたら、こういう浅いキャッチコピーは生まれないはずです。つまり、このキャッチコピーは、みんなに伝えようとした誰の顔も思い浮かべずに書かれたものと言えます。

一方で、次のようなキャッチコピーだったらどんな印象を受けるでしょう。


渡したくて買ったけど、渡せなかった。


商品を渡せなかったのだから、チョコレートを売りたいときのキャッチコピーとしては否定的な意見が出るかもしれません。しかし、リアルに感じませんか。

実はこのキャッチコピー、私の大学時代の友人が発した言葉なのです。何人かの、別の友人たちはこの言葉に触れて「すごくわかる」と共感していました。つまりこのキャッチコピーは「誰かに伝えようとして、結果的に複数の女性の共感を得たもの」と言えるのです。

誰かを思い浮かべて生まれたアイデアのほうが、結果的にみんなに伝わる

もう1つ例を挙げましょう。

私が敬老の日の啓発広告として書いたキャッチコピーです。


ばあちゃんはいつも、俺より長く手を振っている。


このキャッチコピーは、すでに他界した私の母方の祖母を想《おも》って書いたものです。母の実家は熊本県の小さな町にありました。小学生の頃、夏休みには決まって熊本に帰り、1カ月を過ごしていました。

夏休みも終盤となる8月末。叔父に空港まで送ってもらうのですが、祖母は車に乗った私たちが見えなくなるまで（おそらく見えなくなっても）手を振っていました。

その姿をずっと覚えていて、敬老の日をテーマにした仕事がきたとき、課題と祖母の情景が結びつき、このコピーが生まれたのです。

このキャッチコピーは、先ほどのバレンタインデーの言葉と同じく、私という1人だけの体験をもとにしています。

しかし、このキャッチコピーが世に出るや、多くの人から「自分の祖母を思い出して涙が出た」「このコピーを読んで、久しぶりに祖母に会ってきた」「私も似たような想い出がある」という言葉をいただきました。

つまり、たった1人の経験をもとに書いた言葉が、結果的に多くの人の共感を得たのです。「みんなが共感する敬老の日のメッセージはこんな感じだろう」というスタンスで書いていたら、こういう経験はできなかったはずです。

アイデアは、結果的には「みんな」に伝わるほうがいい。しかし、発想の過程においては、みんなを見るのではなく、たった1人の誰かを想像して発想すべきである。

課題に最適な誰かを思い浮かべて行うように心がけてください。

第5章

「速案力」をアップさせる習慣術

誰よりも速くアイデアを出すための習慣術

アイデアというものは気まぐれなもので、湯水のように出てくる日もあれば、考えても考えても出てこない、そんな日もあります。

本書でご紹介している「誰よりも速くアイデアを生む15の公式」は、そんなアイデアの出ない日をなくすために作ったものです。

アイデアが必要な課題が目の前に現れたとき、公式のどれかを使えば、頭が回らないスランプの日でも、考える時間がない忙しい日でも、かんたんに速く、アイデアを生み出すことができます。

しかし、考えるのは人間。

それでもアイデア出しに苦戦することがあるかもしれません。そんなときのために、ここでは、さらなる助け船を用意しました。15の公式以外にアイデア出しを助ける習慣の話。題して——

速案力をアップさせる習慣術

——です。

次ページから紹介する6つの習慣を実践し、さらに「速案力」を高めていきましょう。

習慣術① 「好き」「嫌い」に理由をつける

「好きな映画を一つ挙げてください」

こんな質問をされたとします。あなたは何と答えますか。私がこの質問をされたとしたら『バック・トゥ・ザ・フューチャー』と答えます。

次にこう聞かれました。

「その映画が好きな理由を挙げてください」

あなたの好きな映画で考えてみてください。『スター・ウォーズ』『007』『ジュラシック・パーク』……なんでも構いません。あなたがその映画を好きな理由は何ですか。

私が『バック・トゥ・ザ・フューチャー』を好きなのは「スーパーカーとタイムトリップ、自分の鉄板モチーフが2つ揃っているから」です。厳密に言うと、構成が秀逸とか、キャストが良いとか、ほかにも理由はあるのですが「納得のいくように一言で説明しろ」と言われれば「鉄板モチーフが2つ揃っているから」と答えます。

『バック・トゥ・ザ・フューチャー』が好きな人の中には、私と同じような理由で好きな人もいれば「マイケル・J・フォックスが好きだから」「未来のテクノロジーが好きだから」「サウンドトラックが好きだから」と、別の理由を持っている人もいるでしょう。好きな理由は何でもいいのです。重要なのは**「好きな理由を説明できるようになること」**です。そして「好きな理由を説明する習慣」を身につけてほしいのです。

好きと嫌いを〝何となく〟で片づけず、理由をつける習慣を身につけることは、アイデア出しのスキルを高める重要な訓練になります。なぜなら、アイデアというのは「思

いつき」のように考えられがちですが、実はロジカルなものだからです。

普段から思考の道筋をつける訓練をしたり、結果から理由を引き出す訓練をしておくことで、自分がいざアイデア出しをする際、課題からさまざまな方向に思考の道を広げていくことができます。

今日から自分が好き、嫌い、良い、悪いと思うものに対して必ず「なぜか」を掘り下げて考えるようにしてください。この習慣を続けることが、きっとアイデアを発想するときの助けになってくれるはずです。

習慣術② 自分が一番詳しいものを作る

「オールラウンドプレイヤー」という言葉をご存じでしょうか。

野球で言えば、二刀流の代名詞ともなり、2023年時点で名実ともに野球の世界ナンバーワンプレイヤーとなった大谷翔平選手は、まさにオールラウンドプレイヤーです。2015年の「新語・流行語大賞」に選ばれた、シーズンを通して打率3割、30本塁打、30盗塁を達成する「トリプルスリー」という流行語、その言葉が流行るきっかけを作った山田哲人《やまだてつと》選手も、紛れもないオールラウンドプレイヤーといえるでしょう。

ビジネスパーソンで言えば、営業も企画もできる、経営者視点もあるし、デザインにも明るい。そんな感じでしょうか。野球と分野は違えど、こんな人がいたらスタープレイヤーとして、会社から高い評価を得ることができるはずです。

つまり、あるカテゴリーにおいて、結果の善《よ》し悪《あ》しを左右するあらゆる能力が秀でている、そんな人を「オールラウンドプレイヤー」と呼びます。どの業界で働く人でも、オールラウンドプレイヤーは目指すべき理想形です。

しかし、次のことも忘れてはいけません。

初めからオールラウンドプレイヤーはいない

2023年に映画化されて大変な話題となった『スラムダンク』という漫画があります。

2023年2月時点で全世界で1億7000万部以上を売り上げた人気バスケットボール漫画ですが、そのなかに主人公・桜木花道の最強の敵として山王工業高校の河田雅史という選手が登場します。高校ナンバーワンセンターでありながら、ガード、フォワードとしても超一流。非の打ちどころのない、まさにオールラウンドプレイヤーです。

しかし、この河田選手も最初からオールラウンドプレイヤーではありませんでした。入学時の身長が165センチ、それから1年で25センチも伸びていった。身長が伸びるとともにポジションがどんどん変わっていき、そのたびに血のにじむような努力をした。それが、彼を日本高校界最強のセンターに押し上げた、と記者が語るシーンがあります。

二刀流で大活躍している大谷翔平選手も、日本プロ野球界で複数回のトリプルスリーを達成した山田哲人選手も同じです。もともと運動能力は高く、誰にも負けない野球スキルがあった。でも、絶え間ない努力の継続があったからこそ、野球界を代表するオールラウンドプレイヤーになれた。つまり、こういうことなのです。


誰にも負けない何かがあってこそ、ほかのスキルが生きてくる

私も、今はクリエイティブ・ディレクターとして、クリエイティブ・ディレクション、映像のプランニング、コピーライティング、コンテンツの編集など、通常の広告作業では分業して行うような作業を1人でこなしています。

でも、そのスキルの源はすべて「言葉」です。

言葉を磨いて磨いて「強い言葉を作る力」「一言で言い当てる力」を身につけたから、ほかのスキルを伸ばすことができたり、サブの力が生きている。

「言葉の力」があるから、迷ったとき、負けそうなときに一番強い言葉という武器を取り出し、事態を打開することができるのだと思っています。

すべてが中途半端だとこうはいきません。誰にも負けない武器がないから、誰にも負けない力で事態を打開できない、戦えないということになってしまいます。

みなさんに誤解してほしくないのは、誰にも負けない武器は何も生まれながらにして持っている必要はありません。スポーツなどであれば、ある程度先天的なものも必要かもしれませんが、ビジネスにおいては後からいくらでも挽回《ばんかい》することができます。

すべてにそこそこ詳しいより、誰にも負けない知識がある

まずはこんな人を目指してください。

たとえば、地下アイドルのことなら誰よりも詳しい、相撲の知識なら誰にも負けない、行ったことのある銭湯の数なら誰にも負けないなどです。

どれも後天的に身につけられる知識ですし、数年続ければトップクラスの知識量を身につけられるはずです。

広く、浅い知識を持っている人より、こういう狭く、深い知識を持っている人のほうが、はまったときに強いのです。誰にも出せないような突き抜けたアイデアを出すことができます。

「どんなにつまらないことでもいい。自分が一番詳しいものを作る」と書いたのは、こういう理由からです。まずは自分が興味を持てるものからでいいです。誰よりも深い知識を身につけましょう。

習慣術③ 質問に即答するクセをつける

アイデアは一見「量より質」と考えられがちですが、実は「質より量」だと私は思っています。さらに厳密に言うと、量が質を生み出します。

アイデアの正解は、誰にもわかりません。だからこそ量を出すしかないのです。考えた量が多ければ多いほど、そのなかに正解（質）が交ざっている可能性が高いのです。

そして、量を生むために必要なのが即答する力、即答力なのです。

ここでの即答力とは、何かの課題に対峙《たいじ》したとき、その場でアイデアを生み出せるスキルのことを指します。それを鍛えることによって、1つのアイデアを生み出すのにかかる時間を短くすることができ、結果的に与えられた時間内で、より多くのアイデアを生み出すことができるようになります。

私も日々即答することを意識して仕事をしています。クライアントから企画の依頼がきて、商品やサービスの詳細を聞いている最中から考え始め、その場でいくつかのアイデアを口頭で提案することもあります。

そうすることでアイデア出しのスイッチをオンにできますし、現場で1回プレゼンが終わっている状態にすることができます。つまり、次のプレゼンまでぶれずに数多くのアイデア出しをすることができるのです。

この習慣を続けることは、想定外の質問がきたときにも有効です。普段からすぐに発想し、アイデアを出す準備ができているので、不意の質問にも頭が回りやすく、すぐに答えを生み出すことができます。

質問する側の立場に立てば、質問したあと悩んでいるクリエイターより「その質問はこういう意図ですよね。それはこういう理由で問題ないです」とすぐに答えが返ってきたほうが信用できますし、提案しているアイデアが強固なものにも見られます。さまざまなことに考えを巡らせ、検証したうえでアイデアを出しているのだと思ってもらえるのです。

ビジネスシーン以外、たとえば就職活動などにおいても即答する力は重要です。面接官の中には、予想がつく質問を避けて突拍子もない質問をし、学生の頭の回転を見るタイプの人もいます。そんなとき、うろたえずにすぐに答えを返せる学生の評価は、きっと高くなることでしょう。

普段から即答するクセをつけることで、発想の場だけでなく、ビジネス、プライベート、さまざまなシチュエーションで大きなアドバンテージを得ることができるのです。

習慣術④ 無視する能力を身につける

私は20年間、広告クリエイティブの仕事をしてきました。

クリエイティブというのは、毎日がプレゼンの連続、つまりアイデアの発表の場です。広告戦略のプレゼン、映像表現のプレゼン、グラフィックデザインのプレゼン、キャッチコピーのプレゼン、タレントのプレゼン、編集のプレゼン、完成品のプレゼンなど、日々、何かしらのアイデアを発表しています。

そして、それぞれのアイデアに対して、日々さまざまな意見が出ます。

「この映像表現では商品が魅力的に見えないのではないか」

「このタレントではターゲットの共感を得にくいのではないか」

「キャッチコピーでもう少し商品のことを語ったほうがいいのではないか」

アイデアを見たさまざまな立場の、さまざまな人たちから、多様な意見が出ます。時には理不尽に思える意見も。

しかし、そんなときにこそ、私は第三者的に判断をするようにしています。クライアントが言っていることが正しいと思えばその通りにしますし、違うと思ったら、絶対に言う通りにはしません。

正しいと思ったこと以外は、無視する。

無視すると言っても、横柄な態度や生意気な態度で突っぱねるということではありません。クライアントがその理由を理解できるよう説明できないのであれば、無視する資格はありません。いかに自分の意見がクライアントのメリットになるか、その正当性を論理的に説明し理解を得るのです。

時々「自分の言っていることが間違っていたらどうしよう」「正直に本当のことを言ったら仕事から外されるのではないか」と、人の目を気にするあまり、さまざまな意見に耳を傾けすぎてしまう人を目にします。

それでは良いアイデアは生まれませんし、結果的にクライアントのためにもなりません。正しいはずの自分の意見を曲げて、人の言うことを聞きすぎると、アイデアも丸いものになってしまうのでデメリットだらけです。

①人の言うことを無視できる能力を身につける。
②無視する理由を論理的に説明できる。
③自分が良いと信じるもの。それは何があっても守り抜く。

この3つを大切にして、アイデアの発想を続けてください。

習慣術⑤ 新しいことに貪欲でいる

男性のあなたに、女子高生をターゲットとした新サービスの仕事が舞い込みました。あなたに女子高生の子どもはいないとして、どのように仕事に取り組めば良いでしょう。

選択肢① 上司に言ってその仕事を断る
選択肢② 手を抜いて何となくこなす
選択肢③ 女子高生のことをとことん調べ上げて臨む

まったく知らない世界に飛び込むのは、とても勇気のいることです。年を重ねれば重ねるほど、またキャリアを積めば積むほど「今さら新しいことなんて」と思い敬遠してしまうものです。①と②の選択をしたくなる気持ちもわかります。

しかし、こう考えてみるとどうでしょうか。

アイデアの種が増える

まったく知らないことは、自分に「新しいアイデアの種」を提供してくれます。仕事をきっかけとして女子高生のことを調べ上げれば、「女子高生用語」や「女子高生に人気のタレント」「女子高生が想う理想の親像」など、今まで知らなかったさまざまな「アイデアの種」を受け取ることができます。

それらはきっと、ビジネスだけではなく、若いビジネスパーソンとのコミュニケーションや子育てにおいてもプラスの効果をもたらしてくれるでしょう。あなたが企画を仕事にしているなら「女子高生に詳しいクリエイター」として、女子高生向けの商品を数多く担当して仕事の幅を広げられるでしょうし、あなたが広報やＰＲを担当しているなら「女子高生に刺さる記事が書けるオウンドメディア担当者」としてネットで話題の「中の人」にもなれます。オウンドメディアやソーシャルメディアでの実績をもとに独立して女子高生向け商品のコンサル会社を立ち上げることだってできます。

新しいこと、知らないことに貪欲でいることは、アイデア出しだけに限らず、さまざまな局面であなたにプラスの効果をもたらしてくれます。

常に貪欲に、新しいこと、知らないことにチャレンジする習慣を身につけていきましょう。

おわりに

ここまで読んでいただき、ありがとうございました。速案力をアップするために必要なこと、重要なことをできるだけ詳しく、シンプルに15の公式にまとめてお伝えできたと思っています。この本を通じて、私が伝えたかった――

アイデアの発想は才能ではない

――ということが、わかってもらえたはずです。

繰り返しになりますが、この本に書かれている数々のアイデア発想法はビジネスシーンのみならず、プライベートでも応用可能です。あなたがアイデア発想で悩んだとき、困ったときに、この本を開いてもらえれば、きっと助けになってくれるはずです。できるだけ携帯してもらえるとうれしいです。

そして最後に。

アイデア発想を20年間行ってきたクリエイターとして、本の内容に少しだけ、付け加えさせてください。最後にあなたに伝えたいこと。それは――

いずれこの本を捨ててください

――ということです。

この本に書かれている発想法は、私が20年間、時間をかけ試行錯誤を繰り返し作り上げてきたものです。したがって、多くの方が新しいアイデアを生み出せるものになっています。しかし、裏を返せば、この本に書かれている発想法は私が作った過去のものでしかないのです。

いつかみなさんが本当の意味でアイデアの奥深さ、素晴らしさに気づいたとき、きっと感じること。それは「未来に自分だけの道を作りたい」ということです。私が「誰よりも速くアイデアを生む15の公式」を作り出し、アイデアを生むことに喜びを感じたように、みなさんも自分だけの道を探したいと思うはずです。他人のやり方では2位どまり、決してトップを取ることはできません。

唯一の結果を得ようとするなら、唯一のプロセスが必要

このことを覚えておいてください。

さらに私が20年間、広告クリエイティブの仕事を続け、何千、何万というアイデアを発想し、プレゼンし、多くのアイデアを却下され、落ち込み、アイデアの実現に歓喜することを繰り返してきて、今アイデアに対して思うこと。それは――

アイデアの先にあるもの、それは自分である

――ということです。

第92回アカデミー賞で監督賞を受賞した『パラサイト』のポン・ジュノ監督が映画を勉強していた際に触れたマーティン・スコセッシ監督の言葉「最も個人的なことは、最もクリエイティブなことだ」にも通じますが、真の優れたアイデアは「あなたにしか生み出せないアイデア」なのだと思います。

ぜひ、ご自身の体からくる発想で、自分だけにしか生めない鳥肌の立つようなアイデアを、世の中に生み出してください。

いつかそのアイデアに触れることを楽しみにしています。

クリエイティブディレクター　西島知宏

【著者プロフィール】

西島知宏（にしじま・ともひろ）

1977年奈良県出身。クリエイティブディレクター。

早稲田大学大学院修了後、2003年電通入社、クリエーティブ局配属。広告クリエイターとしてTCC賞、ACC賞、スパイクスアジア、ニューヨークフェスティバルなど国内外の数々の広告賞を受賞。

2007年独立し、クリエイティブブティックBASEを立ち上げる。出身地である奈良県の県紙、奈良新聞社の非常勤取締役就任。

2015年、デジタルメディア「街角のクリエイティブ」を立ち上げ、編集長に就任。月間100万PVのメディアに成長させる。

2016年、初の著書となる『思考のスイッチ～人生を切り替える11の公式～』（フォレスト出版）を上梓。Amazonビジネス企画ランキングで1位を獲得する。その後、韓国版を出版。

広告業界で培ったクリエイティビティで世の中の様々な課題を解決すべく、日々奮闘中。

X：@t_nishijima
Instagram：@t_nishijima

装丁　鳥海雅弘・大間猛（T-fox.inc）
本文デザイン　二神さやか
DTP　キャップス

※本書は、2016年2月にフォレスト出版から刊行された『思考のスイッチ～人生を切り替える11の公式～』を改題・加筆および再編集したものです。

速案
誰よりも速くアイデアを生む15の公式

2024年5月2日　　初版発行

著　者　西島知宏
発行者　太田　宏
発行所　フォレスト出版株式会社
〒162-0824 東京都新宿区揚場町2-18 白宝ビル7F
電話　03-5229-5750（営業）
03-5229-5757（編集）
URL　http://www.forestpub.co.jp

印刷・製本　中央精版印刷株式会社

ISBN978-4-86680-816-1 Printed in Japan
乱丁・落丁本はお取り替えいたします。

『速案──誰よりも速くアイデアを生む15の公式』

購入者限定
無料プレゼント

ここでしか手に入らない貴重な情報です

速くアイデアを生む15の公式
シチュエーション別実践法
(PDFファイル)

このPDFは
本書をご購入いただいた読者限定の特典です。

無料プレゼントはこちらからダウンロードしてください

http://www.2545.jp/sokuan

※PDF ファイルは Web 上で公開するものであり、小冊子などをお送りするものではありません。
※上記特別プレゼントのご提供は予告なく終了となる場合がございます。あらかじめご了承ください。